Laboratory Manual to accompany

PREGO!

FOURTH EDITION

Laboratory ManuaL to accompany
PREGO!
An Invitation to Italian

GRAZIANA LAZZARINO
UNIVERSITY OF COLORADO, BOULDER

MARTA BALDOCCHI
THE COLLEGE OF MARIN

McGraw-Hill, Inc.

New York   St. Louis   San Francisco   Auckland
Bogotá Caracas Lisbon London Madrid
Mexico City   Milan   Montreal   New Delhi   San Juan
Singapore   Sydney   Tokyo   Toronto

This is an  book.

Laboratory Manual to accompany
Prego! An Invitation to Italian, Fourth Edition

Copyright © 1995, 1990, 1984, 1980 by McGraw-Hill, Inc. All rights reserved. Printed in the United States of America. Except as permitted under the United States Copyright Act of 1976, no part of this publication may be reproduced or distributed in any form or by any means, or stored in a data base or retrieval system, without the prior written permission of the publisher.

7 8 9 QPD QPD 9 0 9

ISBN: 0-07-037725-1

This book was typeset on a Macintosh in Palatino by Bay View Publishing Services.
The editors were Leslie Berriman, Marion Lignana Rosenberg, and Terri Wicks.
The production supervisor was Diane Renda.
Illustrations were by David Bohn.
Semline, Inc. was printer and binder.

Grateful acknowledgment is made for use of the following material:
Page 4 Astra; 9 © L'Espresso; 17 Garzanti Editore; 68 Domenica Ouiz; 75 © L'Espresso;
100 Anna; 114 PLAX® Mouth Wash reprinted with permission of Colgate-Palmolive
Company; *130 Smemoranda; 137 Smemoranda; 149 Anna; 157 © L'Espresso.*

CONTENTS

PREFACE

This Laboratory Manual accompanies *Prego! An Invitation to Italian*, Fourth Edition. It is coordinated with the *Audiocassette Program* for the preliminary chapter and the twenty regular chapters. Each chapter has thirty to forty minutes of recorded material. The speech on the audiocassettes represents that of many regions of Italy; the language is authentic Italian.

We suggest that students listen to the recorded material on a given vocabulary or grammar section only after that material has been covered in class. We also recommend that students spend no more than thirty minutes at a time in the laboratory. A total of sixty minutes per week should allow students time to listen to the entire tape at least once and to repeat any material on which they feel they need additional practice.

The Laboratory Manual is a guide to the audiocassettes. Directions for all recorded activities are in the manual, with a model provided for most. In some cases, cues and drawings to be used with exercises appear in the manual; at other times, cues are heard on tape only.

The **Capitolo preliminare** follows the corresponding chapter in the student text point-by-point. It introduces students to the basic sounds of Italian and to a variety of useful, everyday expressions, concluding with a short dictation.

Chapters 1–20 of the Laboratory Manual are organized as follows:

Pronuncia. Chapters 1 through 13 begin with focused practice of Italian sounds and intonation patterns.

Vocabolario preliminare, **Grammatica**, and **Dialogo**. These sections follow the sequence of material in the student text point-by-point. They include minidialogues and listening comprehension activities, in addition to grammar and vocabulary exercises.

Ed ora ascoltiamo! Extended passages (including everyday conversations, police reports, and movie listings) with follow-up activities help improve students' global listening comprehension skills.

Sara in Italia. New to the fourth edition, this light-hearted feature follows Sara, a young American woman, throughout her travels in Italy. It provides additional listening comprehension practice as well as cultural and geographical information.

Dettato. A short dictation, for careful listening practice, wraps up each chapter.

Answers to most exercises are on tape. A few exercises require written responses, answers for which can be found at the back of this manual. Answers to dictations are in the *Tapescript* as part of the transcription of the complete recorded program. The *Tapescript* is available to instructors only.

The authors would like to thank Leslie Berriman, Marion Lignana Rosenberg and Susan Lake of McGraw-Hill for their useful and creative contributions to this Laboratory Manual.

CAPITOLO PRELIMINARE

A. Come si dice… in italiano?

A. Mini-dialoghi. You will hear two dialogues from the main text. You will hear each dialogue twice. The first time, listen carefully. The second time, repeat what you hear. Pay careful attention to rhythm and intonation.

LAURA:	Ciao, Roberto, come stai?
ROBERTO:	Bene, grazie, e tu?
LAURA:	Non c'è male, grazie.
ROBERTO:	Ciao, Laura!
LAURA:	Arrivederci!

LA SIGNORA MARTINI:	Buon giorno, signor Rossi, come sta?
IL SIGNOR ROSSI:	Bene, grazie, e Lei?
LA SIGNORA MARTINI:	Abbastanza bene, grazie.
IL SIGNOR ROSSI:	ArrivederLa, signora!
LA SIGNORA MARTINI:	ArrivederLa!

B. Come si dice? You will hear a short phrase or expression. You will hear each one twice. Listen carefully, then indicate the most appropriate response to what you have heard.

1. _d_   a. Così così.
2. _c_   b. Buona sera, signora Gilli.
3. _a_   c. Prego!
4. _e_   d. Mi chiamo Roberto. Piacere!
5. _b_   e. Buona notte, mamma.

B. Vocabolario per la classe

A. Giusto o sbagliato? You are ready to answer some questions in Italian! You will hear each one twice. You will hear the correct response.

1. *D* 2. *C* 3. *A* 4. *E* *B*

B. A lezione. You will hear a series of brief classroom exchanges. You will hear each one twice. The first time, listen carefully. The second time, complete the following transcriptions with the expressions you hear. The answers appear at the end of the manual.

1. professoressa: Paolo, *Come* [1] si *dice* [2] *alphabet* in italiano?

   studente: Alfabeto.

   professoressa: Giusto! *Benissimo* [3]!

2. studentessa: *Scusi* [1], professore, come si *scrive* [2] **classe**?

   professore: C L A S S E.

   studentessa: Grazie, professore.

   professore: *Prego* [3], signorina.

3. professoressa: *Aprite* [1] i libri e fate l' *esecizio* [2].

   studente: *Come* [3]? Non *capisco* [4]. Ripeta, per *favore* [5].

C. Alfabeto e suoni

A. Lettere. Repeat the following abbreviations or formulas after the speaker.

1. K.O.
2. PR
3. LP
4. H_2O_2
5. P.S.
6. S.O.S.
7. D.C.
8. H_2O
9. Raggi X
10. LSD

B. Vocali. Practice Italian vowel sounds. Repeat each word after the speaker.

1. pazzo / pezzo / pizzo / pozzo / puzzo
2. lana / lena / Lina / luna
3. casa / case / casi / caso
4. auto / aiuto / iuta / uva / uova / Europa / aiuola

C. C e g. C and g each have two sounds in Italian. Their sound is hard (as in *cat* and *get*) when followed directly by **a**, **o**, **u**, or **h**. Their sound is soft (as in *chain* and *giraffe*) when followed directly by **e** or **i**. Repeat after the speaker.

1. cane / gatto
2. cena / che / getta / ghetto
3. Cina / chilo / giro / ghiro
4. gotta / Giotto / cotta / cioccolato
5. custode / ciuffo / gusto / giusto

D. Consonanti doppie. Practice the difference between single and double consonant sounds. Repeat after the speaker.

1. casa / cassa
2. sete / sette
3. caro / carro
4. sono / sonno
5. palude / allude

E. Parliamo (*Let's speak*) **italiano!** You will hear each sentence twice. Listen and repeat.

1. Giuliano, cosa vuol dire giugno?
2. È il nome di un mese dell'anno.
3. Dopo giugno viene luglio e prima c'è maggio.

F. Accento tonico. Can you hear where the stress falls in an Italian word? Underline the stressed vowel in each of the following words. You will hear each word twice. The answers appear at the end of the manual.

1. grammatica
2. importanza
3. partire
4. partirò
5. musica

6. trentatré
7. subito
8. umiltà
9. abitano
10. cantavano

G. Accento scritto. Can you tell where a written accent is used in Italian? Remember, if written accents appear in Italian, they do so only on the final syllable of a word when that syllable is stressed. Add a grave accent (`) only when necessary to the following words. You will hear each word twice. The answers appear at the end of the manual.

1. prendere
2. prenderò
3. caffè
4. università

5. cinquanta
6. civiltà
7. virtù
8. tornare

D. Anno: stagioni, mesi e giorni

A. Che stagione? You will hear a series of months. You will hear each month twice. Listen carefully, then circle the name of the season in which the month falls.

ESEMPIO: febbraio →
primavera   estate   autunno   inverno

1. primavera   estate   autunno   inverno
2. primavera   estate   autunno   inverno
3. primavera   estate   autunno   inverno
4. primavera   estate   autunno   inverno

B. Compleanni (*Birthdays*). Since arriving in Italy, Richard has been trying to do as the Italians do. His task for today is rewriting the birthdays of his relatives and friends in Italian style. Help him by reading these dates aloud as in the example. Read the date in the pause after you hear the item number. Repeat the response.

ESEMPIO: (mamma, *June 10*) → mamma, 10 giugno

1. Daniela, *September 18*
2. Paolo, *May 21*
3. Giovanni, *March 17*

4. Eva, *October 6*
5. Elisabetta, *January 11*
6. Anna, *July 5*

C. Che giorno è? After each day you hear, give the next day of the week. Repeat the correct response.

ESEMPIO: giovedì → venerdì

1. ... 2. ... 3. ... 4. ... 5.

E. Numeri da uno a cento

A. Numeri. Write down in figures the numbers you hear. You will hear each number twice. The answers appear at the end of the manual.

ESEMPIO: trentadue → 32

1. 12
2. 21
3. 97
4. 19

5. 50
6. 5
7. 78
8. 100

B. Contiamo (*Let's count*)! You will hear a series of numbers. Give the next *even* number after the one you hear. Repeat the correct response.

ESEMPIO: quattro → sei

1. ...   2. ...   3. ...   4. ...   5. ...   6. ...   7. ...   8. ...

F. Parole simili

A. Parole analoghe. You will hear a series of expressions that are spelled the same in Italian and English. You will hear both the English and the Italian pronunciation of these words. Listen carefully for the differences, noting in particular the more clear and distinct vowel sounds in Italian. Repeat the Italian pronunciation.

1. opera
2. chiaroscuro
3. Romeo
4. fresco
5. Monticello
6. spaghetti

B. Ascoltate! You will hear a series of expressions. You will hear each one twice. Listen carefully, then circle the English word that corresponds to the one you hear.

ESEMPIO: nazione →

(national   native   (nation))

1. university   universe   (universal)
2. (generous)   generosity   generic
3. public   (publicity)   (publication)
4. socialismo   (socialist)   social
5. (essential)   essentially   (essence)

DETTATO

Ed ora scriviamo! You will hear four sets of sentences. You will hear each one three times. The first time, listen carefully. The second time, write what you hear. The third time, check what you have written. Use another sheet of paper.

① Ciao! Sono Di

② Oggi di   No everdi

③ Come é augosto

③ Boun giorno, profesore / Come si scribe

sbaligato

ARRIVO IN ITALIA

CAPITOLO 1

PRONUNCIA: THE SOUNDS OF THE LETTER *c*

As you learned in the **Capitolo preliminare**, **c** represents two sounds: [k] as in the English word *cat*, and [č] as in the English word *cheese*. Remember that **c** *never* represents the [s] sound in Italian.

A. *C* dura. The [k] sound occurs when **c** is followed directly by **a, o, u, h**, or another consonant. Listen and repeat.

1. caldo
2. come
3. cugina
4. che
5. chi

6. clima
7. crema
8. macchina
9. fresche
10. ics

B. *C* dolce. The [č] sound occurs when **c** is followed directly by **e** or **i**. Listen and repeat.

1. cena
2. città
3. ciao
4. ciglio
5. ciuffo

6. piacere
7. ricetta
8. aranciata
9. diciotto
10. piaciuto

C. *C* e doppia *c*. Compare and contrast the single and double sound. Note the slight change in vowel sound when the consonant following is doubled. Listen and repeat.

1. aceto / accetto

2. caci / cacci

3. bacato / baccano

4. cucù / cucchiaio

D. Parliamo italiano! You will hear each sentence twice. Listen and repeat.

1. Il cinema è vicino al supermercato.
2. Cameriere, una cioccolata ed un caffè, per piacere!
3. Come si pronuncia **bicicletta**?
4. Michelangelo è un nome, non un cognome.
5. Ciao Carlo, come va? —Così così.

VOCABOLARIO PRELIMINARE

A. Dialogo-lampo. You will hear a short dialogue from the main text. You will hear the dialogue twice. The first time, listen carefully. The second time, listen and repeat.

UN TURISTA: Scusi, c'è una farmacia qui vicino?
UN ITALIANO: Sì, è proprio qui vicino: diritto, a destra, poi a sinistra, ancora diritto, a sinistra, poi a destra…

B. In città. You will hear a series of statements. You will hear each statement twice. Listen carefully, then decide if what you hear is **vero** (*true*) or **falso** (*false*). First, stop the tape and look over the map.

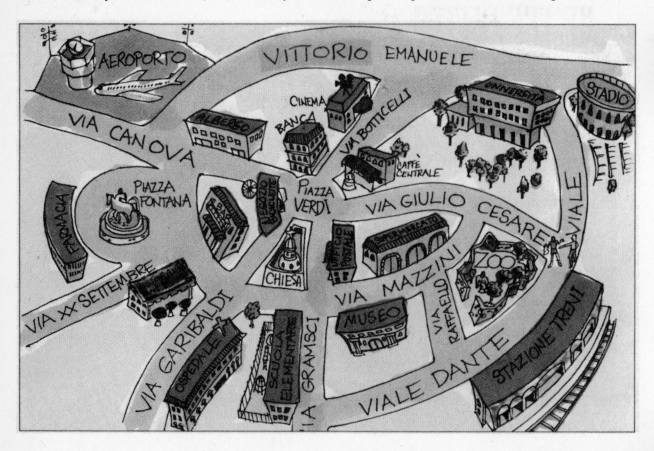

ESEMPIO: C'è una farmacia in piazza Verdi →   (vero   (falso))

1.   vero   falso

2.   vero   falso

3.   vero   falso

4.   vero   falso

5.   vero   falso

C. Mezzi di trasporto. Listen carefully, then tell which vehicle you hear, choosing from the following options. Use **È** (*It's*) in your answer. Repeat the correct response.

ESEMPIO: (*train sounds*) (un treno / un aeroplano) → È un treno.

1.   un aeroplano / un autobus
2.   una macchina / una motocicletta
3.   una motocicletta / una bicicletta
4.   un autobus / una motocicletta
5.   una motocicletta / un'automobile

GRAMMATICA

A. Nomi: genere e numero

A. Mini-dialogo. You will hear a dialogue from the main text. You will hear the dialogue twice. The first time, listen carefully. The second time, repeat what you hear. Pay careful attention to rhythm and intonation.

VENDITORE:	Panini, banane, gelati, vino, caffè, aranciata, birra…
TURISTA AMERICANA:	Due panini e una birra, per favore!
VENDITORE:	Ecco, signorina! Diecimila lire.
TURISTA AMERICANA:	Ecco dieci dollari. Va bene?

B. Maschile o femminile? Rebecca needs your help in recognizing the gender of Italian nouns. You will hear six words twice. Indicate their gender by circling **maschile** (*masculine*) or **femminile** (*feminine*), as appropriate.

ESEMPIO: panino →

((maschile)   femminile)

1. maschile   femminile   4. maschile   femminile

2. maschile   femminile   5. maschile   femminile

3. maschile   femminile   6. maschile   femminile

C. Singolare e plurale. Francesca is terribly near-sighted. Tell her there are two of the things she's pointing out. Repeat the response.

ESEMPIO: Ecco un gatto! → No, ecco due gatti!

1 ...   2 ...   3. ...   4. ...   5. ...   6. ...   7. ...   8. ...

B. Articolo indeterminativo e **buono**

A. Bisogni (*Needs*). You need many things today. Say that you need the following items, using the expression **ho bisogno di** (*I need*). State what you need during the pause after each item number. Repeat the response.

ESEMPIO:

→ Ho bisogno di un cappuccino.

1.   2.   3.

4.      5.      6.

B. Uno o due? Donata always exaggerates. Correct what she says, as in the example. Repeat the response.

ESEMPIO: Due panini? → No, un panino!

1. ...   2. ...   2. ...   4. ...   5. ...   6. ...   7. ...   8. ...

C. Buono! Imagine you're visiting the Crespi family. Say that everything they offer you is good. Use **Che** (*What a*) in your answer. Repeat the response.

ESEMPIO: Ecco un gelato. → Che buon gelato!

1. ...   2. ...   3. ...   4. ...   5. ...   6. ...

D. Auguri (*Best wishes*)! Send your best wishes to Filippo. Use the words listed below, plus the appropriate form of **buono**. Say each expression in the pause after the item number. Repeat the response.

ESEMPIO: (lavoro [*work*]) → Buon lavoro!

1. viaggio (*trip*)
2. appetito
3. Natale (*m., Christmas*)

4. weekend
5. domenica
6. fortuna (*luck*)

C. Pronomi soggetto e presente di **avere**

A. Mini-dialogo. You will hear a dialogue from the main text. You will hear the dialogue twice. The first time, listen carefully. The second time, repeat what you hear. Pay careful attention to rhythm and intonation.

MASSIMO: E Lei, signora, ha parenti in America?
SIGNORA PARODI: No, Massimo, non ho parenti, solo amici. E tu, hai qualcuno?
MASSIMO: Sì, ho uno zio in California e una zia e molti cugini in Florida.

B. Proprio lei! You're talking by phone to Renato, and you have a very noisy connection. When he asks who (**chi**) has certain things, say it's the person he mentions. Repeat the response.

ESEMPIO: Chi ha una bici, Elisabetta? → Sì, lei ha una bici.

1. ...   2. ...   3. ...   4. ...   5. ...

C. No! You are in a terrible mood today and you answer every question you are asked in the negative. Repeat the response.

ESEMPIO: Hai soldi? → No, non ho soldi.

1. ...   2. ...   3. ...   4. ...   5. ...   6. ...

D. Espressioni idiomatiche con **avere**

A. Come sta Gilda? Look at the illustrations and tell how Gilda is doing today. Respond during the pause after each item number. Repeat the response.

ESEMPIO:

→ Gilda ha freddo.

1.

2.

3.

4.

5.

B. Quale? Circle the most logical conclusion to the sentences you hear. You will hear each sentence twice.

ESEMPIO: Ho proprio… → (caldo   ⟨sonno⟩)

1. una Coca-Cola   un panino

2. Ha sei anni.   Ha quarantadue anni.

3. Ho fretta!   Ho paura!

4. un gelato   una birra

5. un supermercato   un caffè

DIALOGO

You will hear the main dialogue from this chapter of the text. Listen carefully, as many times as you need to. Then answer the questions.

BARBARA: Ecco Julie!

MAURO: Dov'è?

BARBARA: Ma lì, la ragazza con lo zaino!

JULIE: Barbara! Mauro! Ciao!

BARBARA: Finalmente! Benvenuta a Luino! Come stai?

JULIE: Benissimo… un viaggio lungo e avventuroso: Olanda, Germania, Belgio, Svizzera e addesso… in Italia!

BARBARA: Che bello! Allora… hai sonno? Hai fame? Hai sete?

JULIE: Ho sete… ma prima ho bisogno di cambiare i soldi. C'è una banca qui vicino?

BARBARA: Sì, è proprio qui vicino, in piazza, tra il negozio di biciclette e il Caffè Centrale.

MAURO: Ma hai così fretta?

JULIE: Eh sì… non ho lire, ho solo dollari.

MAURO: Allora, prima in banca e poi al Caffè Centrale!

BARBARA: OK! Hai bisogno d'altro, Julie?

JULIE: Sì… di una buona lezione di geografia sull'Italia!

You will hear five incomplete statements based on the dialogue. You will hear each statement twice. Circle the word or phrase that best completes each one.

ESEMPIO: Julie ha… → ((uno zaino [*backpack*]   lire)

1. fame   sete

2. in piazza   fuori (*outside of*) Luino

3. lontano   vicino

4. dollari   marchi (*Marks*)

5. un cappuccino   una lezione di geografia

ED ORA ASCOLTIAMO!

Buona sera! You will hear a conversation. Listen carefully, as many times as you need to. Then you will hear five statements twice. Circle **vero** if the statement is true or **falso** if it is false.

1. vero   falso   4. vero   falso

2. vero   falso   5. vero   falso

3. vero   falso

SARA IN ITALIA

•Milano

Lombardia

Sara is a young woman traveling through Italy after graduation. We will accompany her on her adventures as she meets and converses with Italians from throughout the peninsula.

Today she's on a plane, heading to Italy. Sitting next to her is an Italian gentleman returning home after a business trip to the United States. You will hear their conversation. Listen carefully, as many times as you need to. Then answer the questions you hear. You will hear the questions twice.

Ed ora rispondete!

1.	il cognome del (*of the*) signore	il nome del signore
2.	Roma	Milano
3.	New York	Chicago
4.	paura dell' (*of the*) aeroplano	fretta

DETTATO

Ed ora scriviamo! You will hear a brief dictation three times. The first time, listen carefully. The second time, write what you hear. The third time, check what you have written. Use another sheet of paper.

COME SIAMO?

CAPITOLO 2

PRONUNCIA: THE SOUNDS OF THE LETTER *S*

The letter **s** represents two sounds in Italian: [s] as in the English word *aside*, and [z] as in the English word *reside*.

A. *S* sorda. The [s] sound occurs (1) at the beginning of a word, when **s** is followed by a vowel; (2) when **s** is followed by **ca, co, cu, ch**, or by **f, p, q**, or **t**; (3) when **s** is doubled. Listen and repeat.

1.	salute	6.	scandalo	11.	spaghetti
2.	sete	7.	scolastico	12.	squadra
3.	simpatico	8.	scuola	13.	stadio
4.	soldi	9.	schema	14.	basso
5.	supermercato	10.	sfera		

B. *S* sonora. The [z] sound occurs (1) when **s** is followed by **b, d, g, l, m, n, r**, or **v** and (2) when **s** appears between vowels. Listen and repeat.

1.	sbagliato	7.	sregolato
2.	sdraio	8.	sveglio
3.	sgobbare	9.	casa
4.	slogan	10.	uso
5.	smog	11.	rose
6.	snob	12.	visitare

Note that you may also hear the pronunciation [s] between vowels, particularly in central and southern Italy.

C. *S* e doppia s. Contrast the pronunciation of single and double **s** in these pairs of words. Listen and repeat.

1. casa / cassa
2. base / basse
3. mesi / messi

4. risa / rissa
5. rose / rosse
6. illuso / lusso

D. Parliamo italiano! You will hear each sentence twice. Listen and repeat.

1. Sette studentesse sono snelle.
2.` Non sono dei grossi sbagli di pronuncia.
3. Tommaso ha sei rose rosse.
4. Gli studenti sbadigliano spesso.
5. Non siete stanchi di sgobbare?

VOCABOLARIO PRELIMINARE

A. Dialogo-lampo. You will hear a short dialogue from the main text. You will hear the dialogue twice. The first time, listen carefully. The second time, repeat what you hear.

JOANN: Ciao, sono in stazione, binario otto.
FRANCESCA: Bene. Ma… come sei?
JOANN: Sono alta, bionda, ho i capelli lunghi.
FRANCESCA: Non c'è problema!

B. Come sono (*What are they like*)? Look over the following drawings, then answer the questions you hear. Repeat the correct response.

ESEMPIO:

Plutone è un gatto buono? → No, è un gatto cattivo.

1.

2.

3.

C. Una famiglia. You will hear a passage about a family, followed by a series of statements. You will hear everything twice. Listen carefully, then indicate whether the statements you hear are true or false.

1. vero   falso

2. vero   falso

3. vero   falso

4. vero   falso

GRAMMATICA

A. Aggettivi

A. Mini-dialogo. You will hear a dialogue from the main text. You will hear the dialogue twice. The first time, listen carefully. The second time, repeat what you hear. Pay careful attention to rhythm and intonation.

> ALBERTO: È simpatica Giovanna?
> ROSARIA: Sì, è una ragazza molto simpatica e anche intelligente e sensibile.
> ALBERTO: E Paolo, com'è?
> ROSARIA: È carino, alto e bruno. È un ragazzo intelligente ma non molto simpatico.

B. Dal maschile al femminile. Change each expression you hear from masculine to feminine. Repeat the response.

> ESEMPIO: bambino buono → bambina buona

1. ...   2. ...   3. ...   4. ...   5. ...   6. ...

C. Opinioni divergenti. You and Claudio don't see eye to eye. For each of his remarks give the opposite reaction. Repeat the response.

> ESEMPIO: Che ragazzo simpatico! → Che ragazzo antipatico!

1. ...   2. ...   3. ...   4. ...   5. ...   6. ...

D. Non uno, due! Point out two of the things Giovanna indicates. Repeat the response.

> ESEMPIO: Ecco una bella casa. → Ecco due belle case.

1. ...   2. ...   3. ...   4. ...   5. ...   6. ...

B. Superlativo assoluto

«Issimo»! Today you're in a wonderful mood and everything looks great. Answer each question you hear as in the example. Repeat the response.

> ESEMPIO: Beatrice è intelligente? → Sì, è intelligentissima!

1. ...   2. ...   3. ...   4. ...   5. ...   6. ...

C. Presente di **essere**

A. No! Lamberto has everything wrong today. Respond to his statements as in the example. Repeat the response.

> ESEMPIO: Jennifer è polacca? → No, non è polacca.

1. ...   2. ...   3. ...   4. ...   5. ...

B. Nazionalità. You have friends from all over the world. Tell about them, using the information you hear and the following nationalities. Repeat the response.

> ESEMPIO: Katia e Ivan (russo) → Katia e Ivan sono russi.

1. tedesco	3. francese	5. coreano	7. cinese
2. italiano	4. giapponese	6. africano	8. messicano

D. C'è e com'è

A. Un viaggio in Italia. You are showing Silvana a picture of the town where you stayed in Italy. Answer her questions, as in the example. Repeat the response. First, take a moment to look over the illustration.

> ESEMPIO: C'è una banca? → No, ci sono due banche.

1. ...   2. ...   3. ...   4. ...   5. ...   6. ...

B. Sempre (*Still*) in Italia. Now tell what's in the apartment you shared with your Italian roommates. Answer the questions using the following information. Repeat the response.

    ESEMPIO: C'è un orologio? (2) → Ci sono due orologi.

1. **5**   2. **3**   3. **0**   4. **2**   5. **8**

C. Sì! You are very much in agreement with Carla's statements. Express your enthusiasm! Repeat the response.

    ESEMPIO: Patrizia è simpatica. → Sì, com'è simpatica Patrizia!

1. ... 2. ... 3. ... 4. ... 5. ... 6. ...

E. Articolo determinativo

A. Mini-dialogo. You will hear a dialogue from the main text. You will hear the dialogue twice. The first time, listen carefully. The second time, repeat what you hear. Pay careful attention to rhythm and intonation.

    DONATELLA: Ecco la nonna e il nonno, la zia Luisa e lo zio Massimo, papà e mamma molti anni fa… Carini, no?
    GIOVANNA: E i due in prima fila chi sono?
    DONATELLA: Sono gli zii di Chicago.

B. Un bar nuovo. You and Stefano are making a list of things you plan to serve at your new café. You will hear each item twice. Add the definite article. Repeat the response.

    ESEMPIO: cappuccino → il cappuccino

1. ... 2. ... 3. ... 4. ... 5. ... 6. ... 7. ... 8. ...

C. In città. Now imagine you're showing Antonella around town. Point out to her several of the things you hear. Repeat the response.

    ESEMPIO: la stazione → Ecco le stazioni.

1. ... 2. ... 3. ... 4. ... 5. ... 6. ...

D. Nuova città. Marta has moved to a new city and is telling her friends about it. Describe the people, places, and things you hear as she would, using the following adjectives. Repeat the response.

    ESEMPIO: ragazzi (bello) → I ragazzi sono belli.

1. piccolo
2. bello
3. nuovo
4. grande
5. vecchio
6. carino

F. Bello e quello

A. Che bello! Lisa is visiting Italy for the first time and is impressed with all she sees. React to the things you hear as she would. Repeat the response.

    ESEMPIO: museo → Che bel museo!

1. ... 2. ... 3. ... 4. ... 5. ... 6. ... 7. ... 8. ...

B. Quale (*Which one*)? Giacomo is unsure which people you're talking about. Answer as in the example. Repeat the response.

    ESEMPIO: Quale ragazza? → Quella ragazza.

1. ... 2. ... 3. ... 4. ... 5. ... 6. ... 7. ... 8. ...

You will hear the main dialogue from this chapter of the text. Listen carefully, as many times as you need to. Then answer the questions.

ROSARIA:	Pronto.
MARK:	Buon giorno. Sono Mark, l'amico di David. C'è Alberto per favore?
ROSARIA:	Ciao Mark! Ben arrivato! Sì, Alberto è qui… Eccolo!
ALBERTO:	Ehi Mark! Come va? Dove sei?
MARK:	Tutto bene, grazie! Sono all'aeroporto. Come arrivo lì?
ALBERTO:	Vengo io in macchina, non preoccuparti!
MARK:	Grazie mille… ma non c'è un autobus?
ALBERTO:	Sì, ma per l'amico di David… questo e altro! Piuttosto, come sei? Alto, basso, biondo, bruno…
MARK:	Sono di statura media, ho i capelli neri e ricci, la barba e gli occhiali… e tu?
ALBERTO:	Io ho i capelli castani e un po' grigi, i baffi e una bellissima cravatta verde! Sono lì in mezz'ora!

You will hear five incomplete statements based on the dialogue. You will hear each statement twice. Circle the word or phrase that best completes each one.

1. un numero di telefono un indirizzo (*address*)
2. Alberto David
3. di statura media (*average height*) molto alto
4. gli occhiali (*glasses*) una bellissima cravatta verde

Un assassino! Listen to the police report and guess who the murderer is! Listen carefully as many times as you need to. Put an X next to the person who matches the description.

MASSIMO SASSI   SILVIA SCOTTI   ALESSIO CORSINI

SARA IN ITALIA

Lombardia

Sara has just arrived in Como and needs to know how to get to the lake. She stops a passerby and asks for directions. Listen carefully, as many times as you need to. Then answer the questions you hear. You will hear the questions twice.

Ed ora rispondete!

1. lontano   vicino   in via Volta

2. la macchina   la bicicletta   la moto

3. un ospedale   uno stadio   un aeroporto

Ed ora scriviamo! You will hear a brief dictation three times. The first time, listen carefully. The second time, write what you hear. The third time, check what you have written. Use another sheet of paper.

I Rossi sono una famiglia molto simpatico. Ha un ristorante in centro. La madre di Giorgio ha ottani è ha la moto

CAPITOLO 3

STUDIARE IN ITALIA

PRONUNCIA: THE SOUNDS OF THE LETTER *G*

As you learned in the **Capitolo Preliminare**, the letter **g** represents two sounds in Italian: [g] as in the English word *go* and [ǧ] as in the English word *giant*.

A. *G* dura. The [g] sound occurs when **g** is followed directly by **a, o, u, h,** or most other consonants. Listen and repeat.

1. gatto
2. gondola
3. guidare

4. ghetto
5. grasso

B. *G* dolce. The [ǧ] sound occurs when **g** is followed directly by **e** or **i**. Listen and repeat.

1. gennaio
2. giapponese
3. giorno

4. giurisprudenza
5. antropologia

C. *G* e doppia *g*. Contrast the pronunciation of the single and double **g** sounds in these pairs of words. Listen and repeat.

1. fuga / fugga

2. lego / leggo

3. agio / maggio

4. pagina / paggio

D. *Gl* e *gn*. The clusters **gl** and **gn** have special sounds. Most of the time, **gl** is pronounced like the **ll** in the English word *million*, while **gn** is similar in sound to the first **n** in the English word *onion*. Listen and repeat.

1. gli
2. sbagliato
3. foglio
4. meglio

5. gnocchi
6. spagnolo
7. ingegneria
8. gnomo

E. Parliamo italiano! You will hear each sentence twice. Listen and repeat.

1. Ecco gli insegnanti di psicologia.
2. Lo spagnolo e l'inglese sono due lingue.
3. Gli ingegneri giapponesi arrivano in agosto.
4. Giugno e luglio sono due mesi meravigliosi.
5. Giovanna e Gabriella sono giovani.

VOCABOLARIO PRELIMINARE

A. Dialogo-lampo. You will hear a short dialogue from the main text. You will hear the dialogue twice. The first time, listen carefully. The second time, listen and repeat.

MARCO: Io faccio Economia e Commercio, per i soldi. E tu, che facoltà fai?
ANDREA: Io faccio medicina… per passione.

B. In che corso? Look over the following drawings, then answer the questions you hear. Repeat the response.

ESEMPIO: In che corso siamo? → In un corso di antropologia.

1.

2.

3.

4.

5.

C. Cosa (*What*)? You will hear five incomplete statements. You will hear each statement twice. Circle the word or phrase that best completes the statement you hear.

Espressione utile: studia   *he or she studies*

ESEMPIO: Laura è bravissima con i computer. Studia… →

(informatica [*computer science*]   giapponese)

1.   economia   storia dell'arte
2.   (chimica (*chemistry*))   educazione fisica
3.   storia e filosofia   (astronomia)
4.   facoltà universitarie   (trimestri)
5.   orali e scritti   economia e commercio

GRAMMATICA

A. Presente dei verbi in **-are**

A. Mini-monologo. You will hear a passage from the main text. You will hear the passage twice. The first time, listen carefully. The second time, listen and repeat. Pay careful attention to rhythm and intonation.

LUCIANO: Noi siamo una famiglia d'insegnanti e di studenti: la mamma insegna matematica in una scuola media, papà è professore di francese, Gigi e Daniela frequentano le elementari ed io frequento l'università (studio medicina). Tutti studiamo e lavoriamo molto. Soltanto il gatto non studia e non lavora. Beato lui!

B. Chi (*Who*)? You will hear a series of sentences. Circle the subject to which the sentences refer.

ESEMPIO: Suonate la chitarra? →

((voi)   Virginia)

1.   questa ragazza   (queste ragazze)   4.   (il signor Rossi)   i signori Rossi
2.   io   (lui)   5.   noi   (loro)
3.   (voi)   tu   6.   (io)   noi

C. Che confusione! You're at a party with Paolo, who has everything wrong about you and your friends. Correct him using the following information. Repeat the response.

> ESEMPIO:　Voi lavorate in banca? (Sabine e Ivan) →
> No, noi non lavoriamo in banca, Sabine e Ivan lavorano in banca!

1. Carmen
2. Luisa e Franco
3. Paul
4. il professor Colombo
5. Marina e Stefania
6. noi

B. Andare, dare, fare e stare

A. Mini-dialogo. You will hear a dialogue from the main text. You will hear the dialogue twice. The first time, listen carefully. The second time, repeat what you hear. Pay careful attention to rhythm and intonation.

> CRISTINA:　Patrizia, tu e Fabrizio andate a casa di Stefano stasera per la festa in onore di Valentina?
> PATRIZIA:　Purtroppo no perché ho gli scritti di filosofia domani e così sto a casa e vado a letto presto. Fabrizio lavora…
> CRISTINA:　Ah sì? E che cosa fa?
> PATRIZIA:　Dà lezioni di karatè e fa un sacco di soldi!

B. Come vanno? Take a look at the drawings and tell how these people are getting about. Use the subjects you hear and the following places. Repeat the response.

ESEMPIO:

Giulia (in Italia) → Giulia va in Italia in aereo.

1.

all'università

2.

a Roma

3.

a casa

4.

in centro

5.

a Firenze

C. Una persona curiosa. Rebecca is very curious about everything today. You will hear her questions twice. Answer as in the example. Repeat the response.

ESEMPIO: Fai il letto tutti i giorni? (sì) → Sì, faccio il letto tutti i giorni.

1. no
2. sì
3. no

4. sì
5. sì
6. no

C. Il presente progressivo e il gerundio

A. Consigli. Paola's grandmother is giving her some useful advice. Play the part of Paola's grand-mother, using the expressions you hear and the following information. Repeat the response.

> ESEMPIO: sbagliare (s'impara [*one learns*]) → Sbagliando s'impara!

1. si ingrassa (*one gets fat*)
2. si cresce (*one grows*)
3. s'impara (*one learns*)
4. s'invecchia (*one ages*)
5. si vive (*one lives*)

B. Amicizia (*Friendship*). You and Filippo seem to agree on everything. Listen carefully to his statements, then express your agreement, using the following expressions. You will hear Filippo's statements twice. Repeat the response.

> ESEMPIO: Lo studio è difficile. (studiare) → Sì, studiare è difficile.

1. ballare   4. cantare

2. lavorare   5. studiare

3. giocare (*to play*)

C. Cosa stanno facendo? Take a look at the drawings and tell what these people are doing right now. Use the information you see. Repeat the response.

ESEMPIO:

(Mirella / tornare a casa) → Sta tornando a casa.

1.

Daniele / fare una foto

2.

tu / cucinare (*to cook*)

3.

i signori Mauri / giocare a tennis

4.

voi / ballare

5.

noi / mangiare in un ristorante

D. L'ora

A. Che ore sono? Answer using the 12-hour clock and the expressions **di mattina**, **del pomeriggio**, **di sera**, or **di notte**. You will hear the response.

ESEMPIO:

→ Sono le otto meno dieci di mattina.
o Sono le sette e cinquanta di mattina.

1.

2.

3.

E l'una

4.  5.  6.

B. In anticipo (*Fast*). Luigi's watch is ten minutes fast. When he tells you the time, correct him, as in the example. Repeat the response.

> ESEMPIO: Sono le tre. → No, sono le tre meno dieci.

1. ... 2. ... 3. ... 4. ...

E. Aggettivi possessivi

A. Mini-dialogo. You will hear a dialogue from the main text. You will hear the dialogue twice. The first time, listen carefully. The second time, repeat what you hear. Pay careful attention to rhythm and intonation.

> GIANNI: Chi è il tuo professore preferito?
> ROBERTO: Be', veramente ho due professori preferiti: il professore di biologia e la professoressa d'italiano.
> GIANNI: Perché?
> ROBERTO: Il professore di biologia è molto famoso: i suoi libri sono usati nelle università americane. La professoressa d'italiano è molto brava; apprezzo la sua pazienza e il suo senso dell'umorismo.

B. Dov'è? You're very absent-minded today. Ask Francesca where your things are. Repeat the response.

> ESEMPIO: libro → Dov'è il mio libro?

1. ... 2. ... 3. ... 4. ... 5. ... 6. ... 7. ... 8. ...

F. Possessivi con termini di parentela

La mia famiglia. Riccardo is your guest at a family gathering. Point out your relatives to him. Repeat the response.

> ESEMPIO: lo zio Giulio → Ecco mio zio Giulio!

1. ... 2. ... 3. ... 4. ... 5. ... 6. ... 7. ... 8. ...

DIALOGO

You will hear the main dialogue from this chapter of the text. Listen carefully, as many times as you need to. Then answer the questions.

MARIELLA: Non ne posso più! Sono sfinita! Per fortuna tra due giorni cominciano gli scritti: lunedì italiano, martedì matematica, e poi ancora una settimana prima degli orali.

PATRIZIA: Sei pronta? Io no! Sto ancora ripassando tutto il Rinascimento ma il mio grosso problema è la trigonometria.

MARIELLA: Se hai voglia, stasera possiamo studiare insieme. Ripassiamo l'esistenzialismo, il neorealismo e facciamo un po' di matematica.

PATRIZIA: Perfetto, porto i miei appunti di italiano.

MARIELLA: Ciao Stefano! Sei ancora vivo? Come va il ripasso?

STEFANO: Lasciamo perdere! Sto ancora preparando greco e latino per gli scritti. Beati voi al Liceo Scientifico! Non fate greco! Per noi, al Liceo Classico, è una materia importantissima.

PATRIZIA: Ma noi abbiamo chimica! Quando dai gli orali?

STEFANO: Tra due settimane purtroppo. Le interrogazioni orali non sono il mio punto forte… la mia paura è di dimenticare tutto quando sono lì, davanti ai professori!

PATRIZIA: Studi con noi per gli orali?

STEFANO: O.K.! Per me va benissimo. Dove?

MARIELLA: A casa mia, stasera alle otto. Portate tutti i vostri appunti!

You will hear six statements based on the dialogue. You will hear each one twice. Circle **vero** if the statement is true or **falso** if it is false.

1. vero   (falso)   4. (vero)   falso
2. (vero)   falso   5. vero   (falso)
3. (vero)   falso   6. (vero)   falso

ED ORA ASCOLTIAMO!

Com'è Lisa? You will hear a description of Lisa. Listen carefully, as many times as you need to. Then you will hear six statements twice. Circle **vero** or **falso**.

1. vero   (falso)   4. vero   (falso)
2. vero   (falso)   5. (vero)   falso
3. vero   (falso)   6. vero   (falso)

SARA IN ITALIA

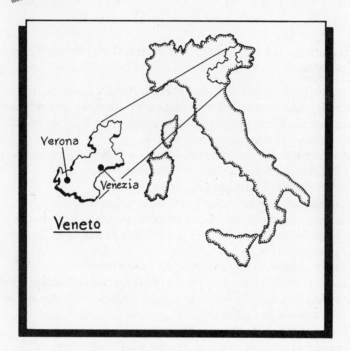

Verona

Venezia

Veneto

Sara is now in Verona, where she meets Massimo, an Italian acquaintance. Listen carefully, as many times as you need to. Then answer the questions you hear. You will hear the questions twice.

Ed ora rispondete!

1. al cinema   in biblioteca   a mangiare
2. il pomeriggio   giorno e notte   la sera
3. all'Arena   a Venezia   al ristorante

DETTATO

Ed ora scriviamo! You will hear a brief dictation three times. The first time, listen carefully. The second time, write what you hear. The third time, check what you have written. Use another sheet of paper.

Diorgo è piuttosto basso ma molto bello.
La madre. Il mio vestito.
Patrizia e Mariella lo scientifico e Stefano il classico.
Dopo tre ~~lungore~~ ore di studio

INTERESSI E PASSATEMPI

PRONUNCIA: THE SOUNDS OF THE COMBINATION *SC*

The combination **sc** represents two sounds: [sk] as in the English word *sky*, and [s] as in the English word *shy*.

A. *Sc* dura. The [sk] sound occurs when **sc** is followed directly by **a, o, u, h,** or another consonant. Ascoltate e ripetete.

1. scandalo
2. sconto
3. scusa
4. schema
5. scrive
6. tedeschi

B. *Sc* dolce. The [š] sound occurs when **sc** is followed directly by **e** or **i**. Ascoltate e ripetete.

1. scena
2. scelta
3. scendere
4. scienza
5. sciopero
6. prosciutto

C. Parliamo italiano! Ascoltate e ripetete le frasi.

1. Cos'è il «Gianni Schicchi»? È un'opera; io ho il disco.
2. Tosca esce con uno scultore tedesco.
3. Perché non pulisci le scarpe?
4. Posso lasciare i pesci con il prosciutto?
5. Francesco preferisce sciare con questi sci.
6. «Capire fischi per fiaschi» significa capire una cosa per un'altra.

VOCABOLARIO PRELIMINARE

A. Dialogo-lampo. Sentirete un breve dialogo dal vostro testo. Sentirete il dialogo due volte. La prima volta, ascoltate attentamente. La seconda volta, ripetete quello che sentite.

> MARITO: Che giornata! Oggi non ho proprio voglia di fare niente.
> MOGLIE: Ma caro, questo è il tuo passatempo preferito!

B. Cosa fanno? Guardate i disegni e dite quali sono i passatempi delle persone rappresentate. Ripetete le risposte.

ESEMPIO:

Mauro fa aerobica o ascolta i dischi? →
Mauro ascolta i dischi.

1.

2.

3.

4.

5.

6.

C. Cosa facciamo stasera? Parlano Piera e Romolo, due compagni di casa. Sentirete la loro conversazione due volte. Indicate con una crocetta (X) le attività di cui parlano (*they talk about*).

_____ andare a un concerto   _____ leggere il giornale

_____ andare al cinema   _____ pulire il frigo

_____ fare un giro a piedi

GRAMMATICA

A. Presente dei verbi in **-ere** e **-ire**

A. Mini-monologo. Sentirete un brano dal vostro testo. Ripetete durante le pause. Attenzione all'intonazione!

È una serata come tutte le altre in casa Bianchi: la mamma e la nonna guardano la televisione, papà legge il giornale (lui non guarda mai la televisione, preferisce leggere), lo zio Tony scrive una lettera, Luigino dorme, Franca e Sergio ascoltano un disco.

B. Anche. You and your friends' daily routines overlap to a great degree. Tell about your common activities using the subjects you hear and **anche**. Repeat the response.

ESEMPIO: Io leggo il giornale. (Marco) → Anche Marco legge il giornale.

1. ...   2. ...   3. ...   4. ...

ESEMPIO: Io pulisco la casa. (tu) → Anche tu pulisci la casa.

1. ...   2. ...   3. ...   4. ...

ESEMPIO: Non dormo abbastanza. (Gina) → Anche Gina non dorme abbastanza.

1. ...   2. ...   3. ...   4. ...

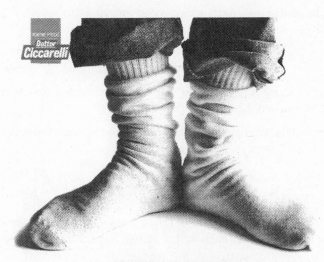

COME VIVERE
NELLE SCARPE DA TENNIS
E AVERE RELAZIONI UMANE.
DALL'ESPERIENZA CICCARELLI PER PREVENIRE IL CATTIVO ODORE.

C. No! An inquisitive fellow is going around campus asking questions. You don't feel like giving him any information. Answer his questions in the negative. Repeat the response.

> ESEMPIO: Tu e Franco correte ogni giorno? → No, non corriamo ogni giorno.

1. ...   2. ...   3. ...   4. ...   5. ...   6. ...

B. Dire, uscire e venire; dovere, potere e volere

A. Grazie! You are teaching little Rebecca manners by pointing out to her who always says «grazie.» Answer her questions according to the example. Repeat the response.

> ESEMPIO: E Rossella? → Rossella dice sempre «grazie!»

1. ...   2. ...   3. ...   4. ...   5. ...   6. ...

B. Quando? Say what night of the week you and your friends go out. Repeat the response.

> ESEMPIO: noi (il sabato) → Noi usciamo il sabato.

1. il lunedì
2. la domenica
3. il giovedì
4. il mercoledì
5. il venerdì

C. Anch'io! It's a beautiful day, and everyone's coming to Marco's picnic. Answer his questions as in the example. Repeat the response.

> ESEMPIO: E tu? → Vengo anch'io!

1. ...   2. ...   3. ...   4. ...   5. ...

D. Desideri. The holidays are coming, and you're going over your list of presents. Using the subjects you hear and the information you see, say what everyone wants. Repeat the response.

> ESEMPIO: Marta e Sara (gatto) → Marta e Sara vogliono un gatto.

1. bicicletta
2. cravatta
3. disco
4. chitarra
5. orologio
6. libro

E. Doveri. Francesco cannot believe that people ever skip fun activities because they have to study. Set him straight, as in the example. You will hear the response.

> ESEMPIO: Perché non andate a ballare? → Non possiamo andare a ballare: dobbiamo studiare.

1. ...   2. ...   3. ...   4. ...

C. Ancora sul gerundio

Incontri (*Meetings*)! You can't avoid Aldo today. Tell all the places you see him, using the following expressions. Respond during the pause after each item number. Repeat the response.

> ESEMPIO: (giocare a pallone) → Giocando a pallone vedo Aldo.

1. fare un giro
2. uscire dal ristorante
3. bere una birra al bar
4. aprire la finestra
5. prendere l'autobus
6. seguire un corso di yoga

D. Presente + da + espressioni di tempo

A. Mini-monologo. Sentirete un brano dal vostro testo. Ripetete durante le pause. Attenzione all'intonazione!

RICCARDO: Ho un appuntamento con Paolo a mezzogiorno in piazza. Vogliamo andare a mangiare insieme. Io arrivo puntuale ma lui non c'è. Aspetto e aspetto, ma lui non viene… Finalmente, dopo un'ora, Paolo arriva e domanda: «Aspetti da molto tempo?» E io rispondo: «No, aspetto solo da un'ora!»

B. Attività. Using the information given below, tell how long you and your friends have engaged in these activities. Repeat the response.

ESEMPIO: Da quanto tempo disegni? (molto tempo) → Disegno da molto tempo.

1. un mese
2. tre settimane
3. cinque anni

4. un anno
5. tre anni

C. Caro professore, cara professoressa. And now ask your Italian teacher how long he or she has been doing the things you hear. Repeat the response.

ESEMPIO: insegnare italiano → Da quanto tempo insegna italiano?

1. … 2. … 3. … 4. … 5. …

E. Interrogativi

Roberto l'affascinante (*the charming*). You have many question about the new student, Roberto. Ask the questions that produced the answers you hear. Repeat the response.

ESEMPIO: Roberto è simpatico → Com'è Roberto?

1. … 2. … 3. … 4. … 5. … 6. … 7. …

DIALOGO

Sentirete il **Dialogo** da questo capitolo del testo. Ascoltate attentamente, più volte se necessario. Poi rispondete alle domande.

ROSSANA: Giovanna! Dove vai così di fretta?

GIOVANNA: Ciao Rossana! Vado a vendere i libri dell'anno scorso e a cercare quelli di quest'anno. E tu? Cosa fai da queste parti?

ROSSANA: C'è una riunione al centro di solidarietà con gli extracomunitari per discutere di vari problemi: case, lavoro, scuole… vieni anche tu?

GIOVANNA: Purtroppo non posso. Alle sei devo essere a casa di Alessandra. Da stasera segue un corso di ceramica: è la sua passione! Io faccio la baby-sitter di sua figlia. Dorme sempre, così posso fare i miei esercizi di yoga. E dopo cena cosa fai?

ROSSANA: Vado a vedere *Il ladro di bambini*, quel bel film su un carabiniere e due bambini… finalmente non il solito carabiniere delle vignette, ma uno simpatico e sensibile. Tu che programmi hai?

GIOVANNA: Io devo assolutamente finire un romanzo eccezionale. È l'autobiografia di Clara Sereni, scrittrice e casalinga, un capolavoro!

ROSSANA: Conosco la Sereni, è molto brava… Aiuto! Sono in ritardo, devo proprio scappare. Domani facciamo un giro in bicicletta?

GIOVANNA: Perché no? Possiamo andare in campagna a respirare un po' d'aria pura.

ROSSANA: Allora d'accordo! Va bene alle cinque?

GIOVANNA: Certo, a domani. *Bye-bye!*

You will hear six statements based on the dialogue. You will hear each one twice. Circle **vero** if the statement is true or **falso** if it is false.

1. (vero)   falso   4. (vero)   falso
2. vero   (falso)   5. (vero)   falso
3. vero   (falso)   6. vero   (falso)

ED ORA ASCOLTIAMO!

Vieni con me? You will hear a conversation between Graziella and Mauro. Listen carefully, as many times as you need to. Then you will hear four incomplete statements. Circle the expression that best completes the statement you hear.

1. due professori   (due critici)   due studenti
2. (una poesia)   una recensione (*review*)   un racconto
3. un disastro   (molto bello)   assurdo
4. accompagna (*goes with*) Graziella al cinema   (va a lezione)   non va mai al cinema

SARA IN ITALIA

Venezia

Veneto

Sara is now in Venice. She has met a gondolier and they are bargaining over the price of a ride when...
Listen carefully, as many times as you need to. Then answer the questions you hear. You will hear the
questions twice.

Ed ora rispondete!

1. avventuroso   affascinante   romantico

2. una buon'idea   troppo caro   pericoloso

3. pagare con i dollari spendere troppo   aspettare la gondola

4. un giro speciale   una fotografia   un prezzo (*price*) speciale

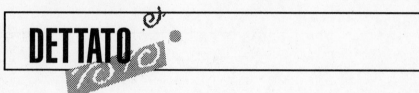

DETTATO

Ed ora scriviamo! Sentirete un breve dettato. La prima volta ascoltate attentamente. La seconda volta,
scrivete quello che sentite. La terza volta, correggete quello che avete scritto. Usate un altro foglio.

PRENDIAMO UN CAFFÈ?

CAPITOLO 5

PRONUNCIA: THE COMBINATIONS *QU* AND *CU*

The combination **qu** represents the sound [kʷ] as in the English word *quick*.

The combination **cu** followed by a vowel generally has this same sound. The pronoun **cui**, though is one common exception to this rule.

A. *Qu e cu.* Practice the sound of **qu** and **cu**. Ascoltate e ripetete.

1. quasi
2. questo
3. qui
4. quota
5. cuore
6. cuoio
7. nacqui
8. piacque

B. Parliamo italiano! Ascoltate e ripetete le frasi.

1. Mia cugina ha comprato cinque quadri qui.
2. Sono quasi le quattro e un quarto.
3. La qualità di quest'acqua è cattiva.
4. Dove mangiamo di solito quelle quaglie squisite? Qui?

VOCABOLARIO PRELIMINARE

A. Dialogo-lampo. Sentirete un breve dialogo dal vostro testo. Sentirete il dialogo due volte. La prima volta, ascoltate attentamente. La seconda volta, ripetete quello che sentite.

LUCIA: Che fame! Prendiamo un panino?
DARIO: Veramente… io non posso.
LUCIA: Perché?
DARIO: Per colazione ho preso un cappuccino e una brioche ad un tavolino del Biffi.

B. Che cosa prendiamo? Sentirete cinque frasi incomplete. Sentirete ogni frase due volte. Ascoltate attentamente, poi indicate la conclusione più logica.

> ESEMPIO: Che freddo! Ho propio voglia di… →
>
> (un tè freddo   una cioccolata calda)

1. il limone   il pomodoro
2. il vino   il succo di carota
3. lo zucchero   le noccioline
4. il ghiaccio   la panna
5. il succo di pompelmo   la cioccolata

GRAMMATICA

A. Preposizioni articolate

A. Mini-brano. Sentirete un brano dal vostro testo. Ripetete durante le pause. Attenzione all'intonazione!

Le vie e le piazze delle città italiane sono sempre affollate: c'è molta gente nei caffè,
all'interno o seduta ai tavolini all'aperto, nei negozi, per le strade, sugli autobus, sui filobus…
E gli stranieri domandano: «Ma non lavora questa gente?»

B. Di chi è? You're helping Luciano get things in order after a big party. Help him match up people with belongings using the names you hear and the following information. Repeat the response.

> ESEMPIO: la studentessa (il disco) → il disco della studentessa

1. la bicicletta   3. la chiave   5. i libri
2. il giornale   4. la chitarra   6. la giacca (*jacket*)

C. Andare o venire? Gino confuses "coming" with "going." Straighten him out! You will hear the correct response.

> ESEMPIO: Vengono dallo stadio? → No, vanno allo stadio!

1. …   2. …   3. …   4. …   5 …

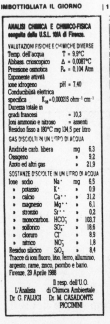

D. Domanda e risposta. You've just run into Paolo, a very curious fellow. Answer his questions using the information you see and the appropriate prepositions, simple or articulated. Repeat the response.

ESEMPIO: Dove andate? (cinema) → Andiamo al cinema.

1. otto
2. cucina
3. ragazzi

4. università
5. portafoglio

B. Il passato prossimo con **avere**

A. Cosa hanno fatto? Look over the drawings and tell what these people did earlier today. Use the subjects you hear and the following verbs; respond during the pause after each item number. Repeat the response.

ESEMPIO:

la signora Gilli (ordinare) →
La signora Gilli ha ordinato le paste.

1.

scrivere

2.

mangiare

3.

comprare

4.

bere

5.

fare

B. Cosa hai fatto ieri? Tell Daniela what you did yesterday using the information you see and the verbs you hear. Repeat the response.

> ESEMPIO: fare (gli esercizi di italiano) → Ho fatto gli esercizi di italiano.

1. fino alle cinque
2. una lettera
3. un film
4. un libro
5. una spremuta
6. un gelato

C. Già fatto! Explain why some people aren't doing certain things. They already did them! You will hear the correct response.

> ESEMPIO: Perché non mangia Barbara? → Perché ha già mangiato.

1. ... 2. ... 3. ... 4. ... 5. ... 6. ...

C. Il passato prossimo con **essere**

A. Mini-dialogo. Sentirete un dialogo dal vostro testo. Ripetete durante le pause. Attenzione all'intonazione!

> MIRELLA: Sei andata al cinema ieri sera, Carla?
> CARLA: No, Mirella. Gli altri sono andati al cinema; io sono stata a casa e ho studiato tutta la santa serata!

B. Al telefono. You and Alberto have a very noisy telephone connection. Ask him to confirm what you hear, substituting interrogative expressions for the ones you see. Repeat the response.

> ESEMPIO: È uscita Beatrice. (Beatrice) → Chi è uscita?

1. a Roma
2. due anni fa
3. in Italia
4. Prisca
5. a scuola
6. in dicembre

C. Perché? Explain that some people don't do certain things because they have never done them! You will hear the correct response.

> ESEMPIO: Perché non vanno in aeroplano? → Perché non sono mai andati in aeroplano!

1. ... 2. ... 3. ... 4. ... 5. ... 6. ...

D. Cosa fa Carla? Your housemate is peppering you with questions about your new neighbor, Carla. Answer using the following information. Repeat the response.

> ESEMPIO: Quando è partita per l'aeroporto? (molto presto) →
> È partita per l'aeroporto molto presto.

1. alle cinque
2. il giornale
3. venerdì
4. Michele
5. no

DIALOGO

Sentirete il **Dialogo** di questo capitolo del testo. Ascoltate attentamente, più volte se necessario. Poi rispondete alle domande.

> MARIANNA: Hai visto che meraviglia la casa di Giulietta?
> FEDERICO: È proprio bella! Ha ancora intatta tutta l'atmosfera della casa di un ricco mercante del Quattrocento o del Cinquecento... ma è stata veramente la casa della Giulietta di Shakespeare?
> MARIANNA: Mah! Forse è solo un'invenzione per i turisti, come la statua di Giulietta nel cortile. Forse è tutta una leggenda, anche l'esistenza delle due famiglie di Verona, i Montecchi e i Capuleti...

FEDERICO:	In fondo non ha importanza, è un'abitazione autentica di quel periodo, così calda e accogliente. Ho avuto proprio la sensazione di un salto nel tempo.
MARIANNA:	È vero... Accidenti! Sono già le dodoci e mezzo!
FEDERICO:	Prendiamo un aperitivo?
MARIANNA:	Io no, grazie. Prendo una spremuta di pompelmo, ma andiamo al banco: al tavolino qui ti pelano!
FEDERICO:	Giusto! Anch'io oggi non mi sento ricco e poi è troppo tardi. Se uno paga per stare al tavolo deve avere almeno il tempo di sfruttarlo, no?

You will hear six statements based on the dialogue. You will hear each one twice. Circle **vero** if the statement is true or **falso** if it is false.

1. vero   falso   4. vero   falso
2. vero   falso   5. vero   falso
3. vero   falso   6. vero   falso

ED ORA ASCOLTIAMO!

Dove siamo? You will hear three short conversations. Listen carefully, as many times as you need to. Circle the place where each one is taking place.

1. in un taxi   in un aereo
2. in un ristorante   in un bar
3. in un ufficio   in un autobus

SARA IN ITALIA

From Venice Sara travels to Trieste, Italy's northernmost port city. Here she chats with a lady who tells her about Trieste's cosmopolitan linguistic and ethnic heritage and its role as a **crocevia** or crossroads for many peoples. You will hear their conversation. Listen carefully, as many times as you need to. Then answer the questions you hear. You will hear the questions twice.

Ed ora rispondete!

1. per la posizione geografica
2. francesi, italiani e svizzeri
3. specialità francesi, cinesi, e ungheresi

per ragioni climatiche
tedeschi, slavi e italiani
solo piatti italiani

non ci sono ragioni specifiche
greci e italiani
piatti austriaci, italiani e ungheresi

Ed ora scriviamo! Sentirete un breve dettato. La prima volta ascoltate attentamente. La seconda volta, scrivete quello che sentite. La terza volta, correggete quello che avete scritto. Usate un altro foglio.

PRONTO IN TAVOLA!

CAPITOLO 6

PRONUNCIA: THE SOUNDS OF THE LETTER Z

The letter **z** represents two sounds: [ć] as in the English word *bats* and [ź] as in the English word *pads*.

A. Z sonora. At the beginning of a word, **z** is usually pronounced as [ź], although this varies from region to region. Ascoltate e ripetete.

1. zampa
2. zero
3. zitto
4. zona
5. zucchero

B. Z sonora e z sorda. In the middle of words, **z** can have either the [ź] or the [ć] sound. The [ć] sound occurs frequently following **l** and **n**. Ascoltate e ripetete.

1. azalea
2. pranzo
3. zanzara
4. alzare
5. differenza
6. Lazio

C. Parliamo italiano! Ascoltate e ripetete le frasi.

1. Sai che differenza c'è tra **colazione** e **pranzo**?
2. Alla stazione di Venezia vendono pizze senza mozzarella.
3. Conosci molte ragazze con gli occhi azzurri?
4. A mezzogiorno ho lezione di zoologia.
5. C'è un negozio di calzature in Piazza Indipendenza.

A. Dialogo-lampo. Sentirete un breve dialogo dal vostro testo. Sentirete il dialogo due volte. La prima volta, ascoltate attentamente. La seconda volta, ripetete quello che sentite.

> GINO: Sono a dieta da tre mesi ma sono sempre debole e depresso!
> MAURIZIO: Macché dieta! Ecco la ricetta per restare in forma: un piatto di pasta con un bel bicchiere di vino rosso, tanti amici e... prendere la vita con allegria!

B. E ora mangiamo! Sentirete cinque frasi incomplete. Sentirete ogni frase due volte. Ascoltate attentamente, poi indicate la conclusione più logica.

> ESEMPIO: Vediamo, come primo penso di prendere... →
>
> (la zuppa inglese   (gli gnocchi))

1. ha molta fame   odia (*she hates*) i dolci
2. è vegetariana   prende l'antipasto
3. ci sono le olive   c'è il minestrone
4. un contorno   un primo piatto
5. la panna   il pesce

IL MONDO A TAVOLA

CHARLY'S SAUCIERE · via San Giovanni in Laterano 268 - tel. 736666. Cucina francese. Aperto a pranzo e la sera dalle 20 in poi. Domenica chiuso.

CHEZ ALBERT - via della Vaccarella 11 - tel. 6565549. Cucina francese. Aperto anche a pranzo e la sera dalle 19 all'una. Domenica e lunedì mattina chiuso.

MARCO POLO - via del Boschetto 91 - tel. 4745522. Aperto solo la sera fino alle 24. Cucina cinese. Giorno di riposo il martedì.

BALI via del Mattonato 29 - tel. 5896089. Associazione culturale, funziona come ristorante (cucina in- donesiana) cocktails bar e tea room il sabato e la domenica pomeriggio. Lunedì chiuso.

LA GRANDE MURAGLIA - via G. Tavani Arquati 107 - tel. 5816640. Cucina cinese. Aperto a pranzo, la sera fino alle 23. Riposo il lunedì.

KABAYAN - via Statilia 35 - tel. 7574539. Ristorante filippino. Aperto dalle 12 alle 15,30 e dalle 19 alle 24. Lunedì chiuso.

LA PAELLA - via Garibaldi 60 - tel. 5809449. Cucina spagnola. Aperto la sera dalle 20 in poi. Domenica riposo.

ASINO COTTO - via dei Vascellari 48 - tel. 5898985. Specialità suda- mericane e piatti tropicali. Aperto la sera dalle ore 21. Lunedì chiuso.

GRAMMATICA

A. Pronomi diretti

A. Mini-dialogo. Sentirete un dialogo dal vostro testo. Ripetete durante le pause. Attenzione all'intonazione!

ANNAMARIA: Clara, in casa tua chi lava i piatti?
CLARA: Che domanda! Li lava Benny!
ANNAMARIA: E chi puliscè la casa?
CLARA: La pulisce Benny!
ANNAMARIA: E chi fa il letto ogni mattina?
CLARA: Lo fa Benny!
ANNAMARIA: E la cucina? E le altre faccende?
CLARA: Le fa Benny! Le fa Benny!
ANNAMARIA: Che marito adorabile! Come deve amarti Benny... E tu che fai tutto il giorno?
CLARA: Lavoro con i computer. Ho creato Benny!

B. Ma che memoria! You have a great memory. Tell your friend you remember all these people and places. Repeat the response.

ESEMPIO: Ricordi Franco? → Sì, lo ricordo.

1. ... 2. ... 3. ... 4. ... 5. ... 6. ...

C. Ecco! Help Stefano look for his things. Answer his questions using **ecco** and the appropriate object pronouns. Repeat the response.

ESEMPIO: Dov'è il mio succo di pomodoro? → Eccolo!

1. ... 2. ... 3. ... 4. ... 5. ... 6. ...

B. Conoscere e sapere

A. Certo che li conosco! A friend asks you whether you know certain people. You reply that you know them well. Repeat the response.

ESEMPIO: Conosci Vittoria? → Sì, la conosco bene!

1. ... 2. ... 3. ... 4. ... 5. ...

B. Ma che bravi! You and your friends have many talents. Look at the drawings and tell who knows how to do what, using the subjects you hear and the information you see. Repeat the response.

ESEMPIO:

Piero e Anna (ballare) →
Piero e Anna sanno ballare il tango.

1. fare

2. andare

3. lavorare

4. leggere

5. suonare

C. Sapere o conoscere? Alessandra wants to know all about Giampaolo, a new student. Play the part of Alessandra and ask questions, using the following items. Ask during the pause after each item number. Repeat the response.

ESEMPIO: (dov'è nato) → Sai dov'è nato?

1. quanti fratelli ha
2. che lavoro fa
3. i suoi amici

4. quanti anni ha
5. sua sorella
6. dove abita

C. Pronomi indiretti

A. Mini-dialogo. Sentirete un dialogo dal vostro testo. Ripetete durante le pause. Attenzione all'intonazione!

ALBERTO: Siamo quasi a Natale: cosa regaliamo quest'anno alla nonna?
ELISABETTA: Semplice: le regaliamo il dolce tradizionale, il panettone.
ALBERTO: Benissimo! E allo zio Augusto?
ELISABETTA: Perché non gli diamo un libro di cucina? Cucinare è il suo hobby preferito.
ALBERTO: Buona idea! E tu, cosa vuoi?
ELISABETTA: Puoi comprarmi una macchina per fare la pasta: così ci facciamo delle belle spaghettate!

B. Quando? Your mother is after you to keep in touch with your relatives. Using the following expressions, tell her when you're planning to do so. Repeat the response.

ESEMPIO: Quando telefoni all'zia? (domani) → Le telefono domani.

1. stasera
2. questo pomeriggio
3. tra un'ora

4. dopo gli esami
5. sabato mattina

C. Come mai? Lara's actions seem out of character today. React to her statements using the appropriate direct or indirect object pronoun. Repeat the response.

ESEMPIO: Ho scritto al professore. → Come mai gli hai scritto?

1. ... 2. ... 3. ... 4. ... 5. ...

D. Piacere

A. Mini-brano. Sentirete un brano dal vostro testo. Ripetete durante le pause. Attenzione all'intonazione!

> Gianni e Gianna hanno gusti completamente diversi. Per esempio, a Gianni piacciono i ravioli, a Gianna piacciono le lasagne. A Gianni piace la cucina messicana, a Gianna piace la cucina cinese. A Gianni piace la carne, Gianna preferisce il pesce. A Gianni piace fumare, Gianna odia le sigarette… Chissà perché si sono sposati!

B. De gustibus…* Tell what various people like, using the names you hear and the following information. Repeat the response.

ESEMPIO: Luisa e Davide (mangiare al ristorante) →
A Luisa e Davide piace mangiare al ristorante.

1. il risotto
2. i tortellini
3. i salumi

4. l'arrosto di maiale
5. il fritto misto
6. i crostini

C. Gli piace? Take a look at the drawings and say if the people like or dislike the foods mentioned. You will hear the response.

ESEMPIO:

A Giulio piacciono le patatine? → Sì, gli piacciono.

1.  2.  3.

***De gustibus non disputandum est** is a Latin proverb meaning *There's no accouting for taste* (lit., *One must not argue over preferences*).

4.  5.

D. Un nuovo ristorante. A group of people tried a new neighborhood restaurant last night. Ask them how they liked various items on the menu. Repeat the response.

ESEMPIO: Ho mangiato i tortellini. → Ti sono piaciuti?

1. ...   2. ...   3. ...   4. ...   5. ...

DIALOGO

Sentirete il **Dialogo** di questo capitolo del testo. Ascoltate attentamente, più volte se necessario. Poi rispondete alle domande.

DANILO: Dunque, le zucchine farcite e i peperoni ripieni sono pronti, e questo è l'antipasto.

VALENTINA: Uhm… che profumo!

DANILO: La pasta per i tortelloni al prosciutto è quasi fatta e l'arrosto è nel forno, ancora trenta minuti di cottura. Per contorno ci sono tre piatti: asparagi gratinati, melanzane con erbe aromatiche e patate alla crema di basilico.

VALENTINA: E per dolce cosa hai preparato? Sai quanto mi piacciono le crostate!

DANILO: Lo so, lo so! Due crostate di frutta fresca… sono nel frigo, ma non guardare!

VALENTINA: Che bello avere uno chef in famiglia! Non vedo l'ora di mangiare! Sono già le sei! Tra poco arrivano tutti! Devo fare in fretta ad apparecchiare la tavola in terrazza. È proprio la serata ideale per cenare all'aperto.

DANILO: Manca qualcosa… Ecco, ho dimenticato di prendere il vino in cantina. Per favore Valentina, vai giù e prendi una bottiglia di Bardolino, una di Grignolino e una di Moscato d'Asti per il brindisi.

VALENTINA: Che differenza fa? Per me sono tutti uguali… Prendo quello che trovo.

DANILO: Assolutamente no! Non conosci le regole della buona cucina? I vini devono accompagnare i piatti, non rovinarli! Stasera bisogna bere vino rosso con le specialità che ho preparato e non un vino rosso qualsiasi!

VALENTINA: OK! Lo chef sei tu, ma uno di questi giorni devi darmi una lezione sui vini!

You will hear six statements based on the dialogue. You will hear each one twice. Circle **vero** if the statement is true and **falso** if it is false.

1. vero   falso

2. vero   falso

3. vero   falso

4. vero   falso

5. vero   falso

6. vero   falso

ED ORA ASCOLTIAMO!

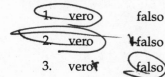

Che cena! You will hear a conversation between Laura and Danilo. Listen carefully, as many times as you need to. Then you will hear five statements twice. Circle **vero** if the statement is true and **falso** if it is false.

1. vero   falso
2. vero   falso
3. vero   falso

4. vero   falso
5. vero   falso

SARA IN ITALIA

Bolzano

Trento

Trentino-Alto Adige

On her way to the Dolomiti, the Alpine mountains separating Italy from Austria, Sara stops in Bolzano, a city about midway between Verona and the Austrian city of Innsbruck, in the region of Trentino-Alto Adige. She tries chatting with two young men who are speaking German. You will hear their conversation. Listen carefully, as many times as you need to. Then answer the questions you hear. You will hear the questions twice.

Ed ora rispondete!

1. Bozen   Süd-Tyrol   Bern
2. una, l'italiano   una, il tedesco   due, l'italiano e il tedesco
3. facile   difficile   interessante

Ed ora scriviamo! Sentirete un breve dettato. La prima volta ascoltate attentamente. La seconda volta, scrivete quello che sentite. La terza volta, correggete quello che avete scritto. Usate un altro foglio.

GIORNO PER GIORNO

CAPITOLO 7

PRONUNCIA: THE SOUND OF THE LETTER *L*

In Italian, the letter l has a sound similar to that in the English word *love*. It is a clear sound, articulated at the front of the mouth, never at the back of the mouth, as in the English words *alter* and *will*.

A. *L.* Practice the l sound. Ascoltate e ripetete.

1. lavarsi
2. leggere
3. lira
4. loro
5. lunedì
6. salutare

B. *L doppia.* Compare and contrast the single and double sound of l. Note the slight change in vowel sound when the consonant following is doubled. Ascoltate e ripetete.

1. belo / bello
2. fola / folla
3. pala / palla
4. cela / cella

C. *L e gl.* As you learned in **Capitolo 3**, the sound of **gl** is different from the sound of l. Compare and contrast the sounds in the following pairs of words. Ascoltate e ripetete.

1. belli / begli
2. olio / aglio
3. male / maglia
4. filo / figlio

D. **Parliamo italiano!** Ascoltate e ripetete le frasi.

1. Come balla bene la moglie di Guglielmo! Glielo voglio dire.
2. Mi hai dato un biglietto da mille o da duemila?
3. Fa caldo a Milano in luglio?
4. Ecco il portafoglio di mio figlio.
5. Quella ragazza è alta e snella.
6. Vogliono il tè col latte o col limone?

VOCABOLARIO PRELIMINARE

A. Monologo-lampo. Sentirete un breve monologo dal vostro testo. Sentirete il monologo due volte. La prima volta, ascoltate attentamente. La seconda volta, ripetete quello che sentite.

> PAOLO: C'è un proverbio italiano che dice: «Chi si accontenta gode!» Tu invece ti lamenti sempre di tutto...

B. Alzarsi, vestirsi... Sentirete cinque frasi incomplete. Sentirete ogni frase due volte. Completate le frasi in modo logico.

> ESEMPIO: Donata frequenta il liceo. L'anno prossimo vuole... →
>
> (annoiarsi (diplomarsi) prenotarsi)

1. lavarsi   laurearsi   accontentarsi
2. organizzarsi   divertirsi   specializzarsi
3. vestirsi   mettersi   farsi la barba
4. addormentarsi sentirsi bene   chiamarsi
5. arrabbiarsi   sposarsi   alzarsi presto

GRAMMATICA

A. Accordo del participio passato nel passato prossimo

Già fatto! Gina reminds you about things you have to do. Tell her you've already done them. Repeat the response.

> ESEMPIO: Devi comprare il giornale. → L'ho già comprato.

1. ... 2. ... 3. ... 4. ... 5. ... 6. ...

B. Verbi riflessivi

A. Mini-dialogo. Sentirete un dialogo dal vostro testo. Ripetete durante le pause. Attenzione all'intonazione!

> LA SIGNORA ROSSI: Nino è un ragazzo pigro: ogni mattina si sveglia tardi e non ha tempo di lavarsi e fare colazione. Si alza presto solo la domenica per andare in palestra a giocare al pallone.
>
> LA SIGNORA VERDI: Ho capito: a scuola si annoia e in palestra si diverte.

B. Ci alziamo presto! Using the subject you hear, tell who are the early risers. Repeat the response.

> ESEMPIO: noi → Noi ci alziamo presto.

1. ... 2. ... 3. ... 4. ... 5. ...

C. Abitudini (*Habits*). Lavinia will have a roommate this summer; she wants to know if the other young woman has similar habits. Reassure Lavinia, as in the example. Repeat the response.

    ESEMPIO: Io mi lavo i denti (*teeth*) spesso, e lei? → Anche lei si lava i denti spesso.

1. ...   2. ...   3. ...   4. ...   5. ...

D. Cos'ha fatto oggi? Tell about your day. You will hear a possible response.

    ESEMPIO: Come si sente oggi? → Oggi mi sento molto bene.

1. ...   2. ...   3. ...   4. ...   5. ...

C. Costruzione reciproca

A. Tutti si conoscono bene! Tell about people who know each other well. Repeat the response.

    ESEMPIO: noi → Noi ci conosciamo bene.

1. ...   2. ...   3. ...   4. ...

B. Davide e Serena. Davide and Serena are a devoted couple. Take a look at the drawings and tell what they are doing, after you hear the item number. You will hear the response.

    ESEMPIO:

→ Davide e Serena si guardano.

1.

2.

3.

4.

5.

C. Cosa hanno fatto? Tell what people did at the latest family gathering. Use the subjects you hear and the following expressions. Repeat the response.

>   ESEMPIO: Aldo e Domina (baciarsi) → Aldo e Domina si sono baciati.

1.   parlarsi
2.   abbracciarsi
3.   capirsi

4.   farsi regali
5.   incontrarsi

D. Avverbi

A. -mente. Change the adjectives you hear into adverbs. You will hear the response.

>   ESEMPIO: veri → veramente

1 ...   2. ...   3. ...   4. ...   5. ...   6. ...

B. Gli italiani. Patrick has just returned from Italy, and all his friends want to know what Italians are like! Pretend you are Patrick and answer their questions, using the following expressions. Repeat the response.

>   ESEMPIO: Come parlano gli italiani? (veloce) → Parlano velocemente.

1.   elegante
2.   rapido
3.   abbondante

4.   facile
5.   gentile

E. Numeri superiori a 100

A. Mini-dialogo. Sentirete un dialogo dal vostro testo. Ripetete durante le pause. Attenzione all'intonazione!

>   MONICA: Mi sono diplomata nel 1985, mi sono laureata nel 1989, mi sono sposata nel 1990, ho avuto un figlio nel 1991 e una figlia nel 1992, mi sono specializzata nel 1993...
>   SILVIA: Quando pensi di fermarti?

B. Quanto fa? You will hear a series of math problems. You will hear each problem twice. Listen carefully, then write out the sum of the two numbers you hear. Answers appear at the end of the manual.

>   ESEMPIO: Cento più (+) cento fa... → *Duecento*

1.   _____

2.   _____

3.   _____

4.   _____

5.   _____

6.   _____

DIALOGO

Sentirete il **Dialogo** di questo capitolo del testo. Ascoltate attentamente, più volte se necessario. Poi rispondete alle domande.

MARILENA: Silvia, ti sei lavata? Ho bisogno del bagno, sono in ritardo…
SILVIA: Devo solo lavarmi i denti, puoi entrare.
ELENA: Veramente tocca a me, mi sono già prenotata per la doccia!
FRANCA: Ragazze, ma è possibile che non riusciamo ad organizzarci? Qualcuno deve incominciare ad alzarsi prima…
MARILENA: Perché non provi tu? Io ho gli esami e ho studiato fino alle due di notte!
FRANCA: E io ho finito il libro di Dacia Maraini! Devo presentarlo oggi in classe.
SILVIA: A proposito… Com'é?
FRANCA: Molto bello…
MARILENA: Parlate di *Bagheria*?
FRANCA: No, questo è *La lunga vita di Marianna Ucria*. Si svolge nel Settecento: è la storia di un'antenata della Maraini, sordomuta, che impara a scrivere per comunicare… E noi ci lamentiamo che siamo messe male… Almeno abbiamo la libertà di studiare.
MARILENA: Chiamala libertà!
FRANCA: Quando sei di umore nero diventi anche reazionaria!

You will hear six statements based on the dialogue. You will hear each one twice. Circle **vero** if the statement is true and **falso** if it is false.

1. vero (falso)
2. (vero) falso
3. (vero) falso
4. (vero) falso
5. vero (falso)
6. (vero) falso

ED ORA ASCOLTIAMO!

Storiella d'amore. You will hear a conversation between Romeo and Giulietta. Listen carefully, as many times as you need to. Then stop the tape and match the items in the two columns according to what you hear.

1. C Si sono conosciuti
2. B Si sono innamorati
3. E Si sono incontrati
4. A Si incontrano domani
5. D Si dicono

a. «Buona notte».
b. per caso (*by chance*) a Verona.
c. al Caffè sportivo.
d. a una festa.
e. quando si sono guardati.

SARA IN ITALIA

In love with the majestic beauty of the Alps, our heroine takes off for Valle d'Aosta, a small region in the northwest corner of Italy. Sara is in Courmayeur, the Alpine resort at the foot of **Monte Bianco**, where she chats with a young woman. You will hear their conversation. Listen carefully, as many times as you need to. Then answer the questions you hear. You will hear the questions twice.

Ed ora rispondete!

1. si sveglia presto   si addormenta presto   si diverte in discoteca
2. i formaggi   la musica folcloristica   la bellezza (*beauty*) naturale
3. francese e latino   la più piccola regione d'Italia   un tunnel

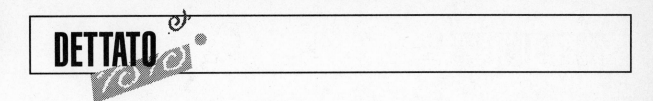

Ed ora scriviamo! Sentirete un breve dettato. La prima volta, ascoltate attentamente. La seconda volta, scrivete quello che sentite. La terza volta, correggete quello che avete scritto. Usate un altro foglio.

TANTE FAMIGLIE

CAPITOLO 8

PRONUNCIA: THE SOUNDS OF THE LETTERS *M* AND *N*

A. *M* e *m* doppia. The letter **m** is pronounced as in the English word *mime*. Ascoltate e ripetete.

1. marito
2. mese
3. minuti
4. moto
5. musica

Now contrast the single and double sound of **m**. Ascoltate e ripetete.

1. m'ama / mamma
2. some / somme
3. fumo / fummo

B. *N* e *n* doppia. The letter **n** is pronounced as in the English word *nine*. Ascoltate e ripetete.

1. naso
2. neve
3. nipoti
4. noioso
5. numeroso

Now contrast the single and double sound of **n**. Ascoltate e ripetete.

1. la luna / l'alunna
2. noni / nonni
3. sano / sanno

C. *Gn*. As you learned in **Capitolo 3**, the combination **gn** has its own distinct sound. Compare and contrast the [n] and the [ny] sounds in the following pairs of words. Ascoltate e ripetete.

1. campana / campagna
2. anello / agnello
3. sono / sogno

D. Parliamo italiano! Ascoltate e ripetete le frasi.

1. Guglielmo Agnelli è un ingegnere di Foligno.
2. Il bambino è nato in giugno.
3. Dammi un anello, non un agnello!
4. Buon Natale, nonna Virginia.
5. Anna è la moglie di mio figlio Antonio.

VOCABOLARIO PRELIMINARE

A. Dialogo-lampo. Sentirete un breve dialogo dal vostro testo. Sentirete il dialogo due volte. La prima volta, ascoltate attentamente. La seconda volta, ripetete quello che sentite.

LUIGI: Mio nonno aveva undici figli, mio padre tre, io ho un figlio unico. Dunque è vero: la natalità in Italia è in diminuzione!

MARIA: Chissà perché, nella mia famiglia le statistiche non funzionano mai...

B. I rapporti familiari. Sentirete cinque frasi incomplete. Sentirete ogni frase due volte. Scegliete la conclusione più logica.

ESEMPIO: La figlia del mio patrigno è la mia... →

((sorellastra)   suocera)

1. mio genero   mio cognato
2. non è nubile   non è scapolo
3. di tua moglie   di tua sorella
4. vedova   vedovo
5. ha divorziato   è solo separato

GRAMMATICA

A. Imperfetto

A. Mini-dialogo. Sentirete un breve dialogo dal vostro testo. Ripetete durante le pause. Attenzione all'intonazione!

LUIGINO: Papà, mi racconti una favola?

PAPÀ: Volentieri! C'era una volta una bambina che si chiamava Cappuccetto Rosso perché portava sempre una mantella rossa col cappuccio. Viveva vicino a un bosco con la mamma...

LUIGINO: Papà, perché mi racconti sempre la stessa storia?

PAPÀ: Perché conosco solo una storia!

B. Ai miei tempi! Eugene's grandfather is talking about the old days. Play his role and tell about life back then. Repeat the response.

ESEMPIO: Ora i bambini non ascoltano i genitori →
Ai miei tempi i bambini ascoltavano i genitori.

1. ...   2. ...   3. ...   4. ...   5. ...   6. ...

C. Davide e Serena. Davide and Serena were a devoted couple but . . . alas, no more. Restate Davide's statements in the **imperfetto.** Repeat the response.

> ESEMPIO: Io le porto sempre i fiori. → Io le portavo sempre i fiori.

1. ...   2. ...   3. ...   4. ...   5. ...

D. Tante Volte! When Simonetta asks if you ever did these things in Italy, tell her sure (**certo**)—you used to do them every day. Repeat the response.

1. ...   2. ...   3. ...   4. ...   5. ...

B. Imperfetto e passato prossimo

A. Mini-racconto. Sentirete un brano dal vostro testo. Ripetete durante la pause.

> Era una bella giornata: il sole splendeva e gli uccelli cantavano nel parco. Marco si sentiva felice perché aveva un appuntamento con una ragazza che aveva conosciuto la sera prima. Purtroppo, però, la ragazza non è venuta; il tempo è cambiato ed ha cominciato a piovere. Marco è tornato a casa tutto bagnato e di cattivo umore.

B. Anche noi! Giancarlo is telling you what he did yesterday. Say that those are all things you and your brothers and sisters used to do as children (**da piccolo/a/e/i**). You will hear the correct response.

> ESEMPIO: Ieri ho mangiato molta pizza. (anche mia sorella) →
> Anche mia sorella da piccola mangiava molta pizza.

1.	anche mio fratello	4.	anche noi
2.	anche le mie sorelle	5.	anch'io
3.	anche i miei fratelli		

C. Quando? Create a new sentence using the **imperfetto** or the **passato prossimo**, as appropriate. Repeat the response.

> ESEMPIO: Mangio al ristorante. (tutte le domeniche) →
> Mangiavo al ristorante tutte le domeniche.
>
> Torniamo da Firenze. (ieri) →
> Siamo tornati da Firenze ieri.

1.	ieri alle otto	4.	ieri pomeriggio
2.	ogni sera	5.	solo per un giorno
3.	sempre	6.	questa mattina

C. Trapassato

Ma perché? Mariella wants to know why certain things happened. Answer her using the following information. Repeat the response.

> ESEMPIO: Perché eri di umore nero (*in a bad mood*)? (lavorare troppo) →
> Ero di umore nero perché avevo lavorato troppo.

1.	studiare tutta la notte	4.	mangiare solo un panino
2.	perdere l'autobus	5.	dormire poco
3.	aspettare due ore	6.	dimenticare l'orologio

D. Suffissi per nomi e aggettivi

A. Quale suffisso? Express your agreement with Stefano, using one of the following expressions. Repeat the response.

ESEMPIO: Che casa graziosa! (casetta / casona) →

Che casetta!

1. parolina / parolaccia
2. filmino / filmone
3. regalino / regalone
4. manine / manacce
5. occhietti / occhioni
6. ragazzino / ragazzaccio

In montagna o sotto l'ombrellone...
Con la pioggia o il solleone...
Per gioco o per passione...

domenica
QUIZ
ha per tutti la soluzione!

Ogni settimana in edicola
enigmistica classica,
giochi, quiz, rebus,
per giocare con te,
divertirsi e rilassarsi
in compagnia.

RCS Rizzoli Periodici

B. Una letterona! Take a look at each pair of drawings and circle the one that is indicated. You will hear each statement twice.

ESEMPIO: Ho ricevuto una letterona! →

a.

 b.

1.   a.    b.

2.   a.    b.

3.   a.    b.

4.   a.    b.

5.   a.    b.

Sentirete il **Dialogo** di questo capitolo del testo. Ascoltate attentamente, più volte se necessario. Poi rispondete alle domande.

RINALDO: Maurizio!

MAURIZIO: Ehi! Rinaldo!

RINALDO: Cosa fai da queste parti? Sono secoli che non ti vedo!

MAURIZIO: È vero! Sembra impossibile ma anche in una città piccola come Mantova si può stare mesi senza incontrarsi... Allora, come va la famiglia?

RINALDO: Tutti bene! Marta ogni mattina va all'asilo comunale ed è molto contenta. Mia suocera e mia cognata stanno con la bambina al pomeriggio e Giuliana è soddisfatta perché ha potuto riprendere il suo lavoro... A proposito... tu e Sandra... come vanno le cose?

MAURIZIO: Ci vediamo ogni tanto, ma da quando siamo divorziati io ho la mia vita e lei la sua... Come diceva mia nonna «Non tutte le ciambelle vengono col buco!»

RINALDO: La saggezza popolare non sbaglia mai! Senti... e tua sorella?

MAURIZIO: Sono qui proprio per lei! Da quando è in America ha la nostalgia di Mantova. Devo mandarle un libro, *Isabella d'Este alla corte di Montova*. Mi ha detto di guardare qui...

RINALDO: E aveva ragione! Eccolo, fresco di stampa! Mandale anche un regalo da parte mia. Ho questo bel libro sul Palazzo Ducale, la storia dei Gonzaga e gli affreschi di Mantegna.

MAURIZIO: Uh! Che meraviglia! Vado subito a spedire... ma perché non ci vediamo una sera con calma! Oggi sono da mia madre. Se mi chiami all'una prendiamo appuntamento per una cenetta tra amici...

RINALDO: Per me va benissimo, così parliamo ancora un po'... Devi raccontarmi delle tue vicende familiari...

MAURIZIO: E tu delle tue!

RINALDO: Naturalmente! Allora ci sentiamo all'una... Salutami la signora Gina!

You will hear six statements based on the dialogue. You will hear each one twice. Circle **vero** if the statement is true and **falso** if it is false.

1. (vero)   falso
2. vero   (falso)
3. vero   (falso)
4. (vero)   falso
5. (vero)   falso
6. vero   (falso)

Un'intervista. Maurizio's sister Angela is interviewed by a journalist. You will hear their conversation. Listen carefully, as many times as you need to. Then you will hear five statements twice. Circle **vero** if the statement if true and **falso** if it is false.

1. (vero)   falso
2. (vero)   falso
3. vero   (falso)
4. vero   (falso)
5. (vero)   falso

SARA IN ITALIA

Torino

Piemonte

From Valle d'Aosta Sara travels to Turin, seat of the first capital of the kingdom of Italy. Turin, in the Piedmont region, is famous for its luxurious pastry shops. You will hear Sara's conversation with a pastry maker. Listen carefully, as many times as you need to. Then answer the questions you hear.

Ed ora rispondete!

1. al cioccolato e alla crema   alla nocciola   al peanut butter
2. una specialità piemontese   un prodotto francese   una specialità importata
3. crema e cioccolato insieme   cioccolato al latte   cioccolato e nocciola insieme

DETTATO

Ed ora scriviamo! Sentirete un breve brano su Maurizio, Rinaldo e le loro famiglie. La prima volta ascoltate attentamente. La seconda volta, scrivete quello che sentite. La terza volta, correggete quello che avete scritto. Usate un altro foglio.

LO SPORT E LA SALUTE

PRONUNCIA: THE SOUNDS OF THE LETTER *R*

There is no parallel in English for the Italian **r** sound. The tongue is held very loosely against the alveolar ridge (right behind the upper teeth) so that the flow of air makes it vibrate.

With practice, most people can learn to roll their r's. If at first you don't succeed…Keep trying!

A. *R.* Practice the single **r** sound. Ascoltate e ripetete.

1. raccontare
2. regalare
3. riportare
4. romantico
5. russo
6. proprio

B. *Tr* e *r* finale. Pay particular attention to the combination **tr** and to the sound of **r** in final position. Ascoltate e ripetete.

1. treno
2. strada
3. centro
4. bar
5. per

C. *R doppia.* Contrast the single and double sound of **r**. Make a special effort to lengthen the sound of double **r**, and don't worry if your pronunciation seems exaggerated at first. Ascoltate e ripetete.

1. caro / carro
2. sera / serra
3. cori / corri
4. spore / porre

D. Parliamo italiano! Ascoltate e ripetete le frasi.

1. La loro sorella preferisce vestirsi di marrone.
2. Trentatré triestini tornavano da Trieste trotterellando.
3. Verrà stasera? Sì, ma telefonerà prima di venire.
4. Preferisce comprare le arance dal fruttivendolo? Credo di sì.
5. Corro perché sono in ritardo per le prove del coro.

VOCABOLARIO PRELIMINARE

A. Dialogo-lampo. Sentirete un breve dialogo dal vostro testo. Sentirete il dialogo due volte. La prima volta, ascoltate attentamente. La seconda volta, ripetete quello che sentite.

TERRY: Da domani incomincio una vita più sana, prometto!
LUCA: Perché rimandare? Incominciamo subito! Spegni il televisore, butta via la sigaretta e andiamo a fare una bella passegiata!

B. Viva lo sport! Sentirete cinque domande. Sentirete ogni domanda due volte. Ascoltate attentamente, poi scegliete la risposta più logica.

ESEMPIO: Andiamo allo stadio a fare quale sport? →

(il golf il canottaggio (il football) lo sci di fondo)

1. la pallacanestro	il pattinaggio	l'atletica leggera	il tennis
2. lo sci	la maratona	il ciclismo	il calcio
3. lo sci di fondo	il baseball	il nuoto	il jogging
4. il canottaggio	l'equitazione	il footing	il basket
5. la maratona	il golf	il calcio	il pattinaggio

GRAMMATICA

A. Pronomi tonici

A. Mini-dialogo. Sentirete un breve dialogo dal vostro testo. Ripetete durante le pause. Attenzione all'intonazione!

MARINA: Riccardo, non sei venuto alla partita di pallacanestro? Abbiamo vinto: sessantotto a sessantacinque!
RICCARDO: Ma sì che sono venuto! Non mi hai visto? Ti ho guardato tutta la serata!
MARINA: A dire la verità, ho visto te… ma tu non mi guardavi! Parlavi con Carlo e Stefania!
RICCARDO: Ma che dici! Non ho fatto altro che guardare te. Ho parlato con loro solo per dire come sei brava!

B. Per chi? Nonna Maria is preparing something special for each member of her big family. Her grandchildren ask for whom is she cooking. Play the role of Nonna Maria and answer the questions, as in the example. Repeat the response.

ESEMPIO: Questo è per la mamma? → Sì, è per lei.

1. …   2. …   3. …   4. …   5. …   6. …

C. Curiosità. Luca has many questions today. Answer, using disjunctive pronouns. Repeat the response.

ESEMPIO: Esci con Mario? → Sì, esco con lui.

1. …   2. …   3. …   4. …   5. …   6. …

B. Comparativi

A. Una bella famiglia. Everyone in your family got his or her good looks from your grandmother. Reminisce with them, as in the example. You will hear the correct response.

ESEMPIO: La zia Marcella → La zia Marcella era bella come la nonna.

1. ...   2. ...   3. ...   4. ...

Qui si scoppia di salute

Meno tumori. Meno problemi al cuore e ai polmoni. E calano anche i sieropositivi. E anche se la tbc è in crescita, gli italiani vivono più a lungo. Lo rivela uno studio del Cism. Che "L'Espresso" è in grado di anticipare

B. Comparazioni. Ilaria is always making comparisons. Using the information you see and the names or categories you hear, make statements as she would. Repeat the response.

ESEMPIO: l'America, l'Italia (grande [+]) → L'America è più grande dell'Italia.

1. vecchio (-)
2. alto (+)
3. grasso (-)
4. popolare (-)
5. costoso (+)
6. violenti (+)

C. Chi? Look over the following drawing and answer each question you hear. You will hear each question twice. Repeat the response.

ESEMPIO: Chi è meno alto di Giorgio? → Rosa è meno alta di Giorgio.

1. ...   2. ...   3. ...   4. ...   5. ...

D. Chi? After each comparison, you will hear a question. Circle the best answer. You will hear each item twice.

ESEMPIO: Mariella gioca a tennis tutti i giorni, Luisa fa aerobica il sabato.

Chi è più sportiva, Mariella o Luisa? →

((Mariella)   Luisa)

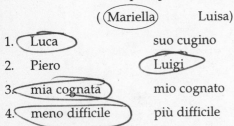

1. (Luca)   suo cugino
2. Piero   (Luigi)
3. (mia cognata)   mio cognato
4. (meno difficile)   più difficile

C. Superlativi relativi e superlativi di avverbi

A. Claudio lo straordinario! Claudio is one exceptional fellow. Tell how he stands out in his family, as in the example. Repeat the response.

ESEMPIO: simpatico → È il ragazzo più simpatico della famiglia.

1. ...   2. ...   3. ...   4. ...   5. ...

B. «Issimo»! Donata tends to be emphatic. Answer these questions about her guests as she would, following the example. Repeat the response.

ESEMPIO: Stanno bene? → Stanno benissimo!

1. ...   2. ...   3. ...   4. ...

D. Comparativi e superlativi irregolari

A. Mini-dialogo. Sentirete un breve dialogo dal vostro testo. Ripetete durante le pause. Attenzione all'intonazione!

MAMMA: Ti senti meglio oggi, Carletto?
CARLETTO: No, mamma, mi sento peggio.
MAMMA: Poverino! Ora ti do una medicina che ti farà bene.
CARLETTO: Ha un buon sapore?
MAMMA: È migliore dello zucchero!
CARLETTO: Mamma, hai detto una bugia! È peggiore del veleno!

B. Il meglio della stagione! The local concert series has just come to an end and Mario is listing the best performances of the season. Use the following expressions to make statements as he would. Respond during the pause after each item number. Repeat the response.

ESEMPIO: (il cantante [*singer*]) → È il migliore cantante della stagione!

1. il direttore (*conductor*)
2. i duetti
3. la soprano
4. il violinista
5. le canzoni (*songs*)
6. il tenore

C. Secondo me... You and Piera don't agree on anything these days. React to her statements as in the example. Repeat the response.

ESEMPIO: Hanno pattinato meglio di tutti! → No, hanno pattinato peggio di tutti!

1. ...   2. ...   3. ...   4. ...   5. ...

DIALOGO

Sentirete il **Dialogo** da questo capitolo del vostro testo. Ascoltate attentamente, più volte se necessario. Poi rispondete alle domande.

CLAUDIO:	Voi juventini non capite niente di calcio! La Roma sì che merita di vincere il campionato… È la squadra migliore di quest'anno!
LEO:	Ma sei impazzito? Non siete nemmeno capaci di segnare un gol! Per non parlare del vostro portiere!
PATRIZIA:	Sia la Juventus che la Roma hanno giocato una pessima partita… una vergogna! Io tengo per il Napoli, è l'unica squadra che segna sempre.
LEO:	Per forza! Avete comprato l'arbitro!
DANILO:	Allora! Basta con questo calcio! È tutta la settimana che sentiamo la stessa storia!
CLAUDIO:	Ecco il nostro Danilo Frich!… aspirante campione italiano di canottaggio!
DANILO:	Sì… magari!
PATRIZIA:	Dai, non fare il modesto, sappiamo che sei il miglior candidato alle nazionali! A proposito, dove fate la gara quest'anno?
DANILO:	A Genova. Spero di farcela. Devo arrivare almeno tra i primi tre.
LEO:	Non puoi assolutamente perdere con mezzo paese che viene a fare il tifo per te! Non deluderci!
DANILO:	Faccio sempre del mio meglio!
CLAUDIO:	Intanto, non dimenticarti il torneo di tennis con noi domani alle cinque e mezza. Tu giochi il doppio con Patrizia contro me e Alessandra.
DANILO:	Alle cinque e mezza è impossibile! Lo sai che ho allenamento fino alle otto. E poi ho un sacco da studiare. Questo mese ho un esame dopo l'altro!
ALESSANDRA:	Oh che stress! Le gare, i tornei, gli esami… io domani non ne voglio proprio sapere, né di competizioni né di scuola. Voglio rilassarmi. Vado a fare una bella camminata in montagna o al massimo faccio una nuotata in piscina.
PAOLO:	Fai bene! Io mi rilasso ancora meglio: tutto ciclismo… guardo il Giro d'Italia… alla televisione!
DANILO:	A proposito di rilassamento, domani mattina il mio allenatore tiene un seminario sulle cause dello stress. È aperto al pubblico. Perché non ci venite anche voi?
LEO:	Perché no? Abbiamo tutti bisogno di un memo anti-stress!

You will hear six statements based on the dialogue. You will hear each one twice. Circle **vero** if the statement if true and **falso** if it is false.

1. (vero)   falso
2. (vero)   falso
3. vero   (falso)

4. vero   (falso)
5. (vero)   falso
6. vero   (falso)

ED ORA ASCOLTIAMO!

Tutto sullo sport! You will hear a short radio broadcast about the latest news in sports. Listen carefully, as many times as you need to. Then you will hear five statements twice. Circle **vero** or **falso**.

1. vero ~~falso~~
2. vero ~~falso~~
3. ~~vero~~ falso
4. vero falso
5. vero ~~falso~~

SARA IN ITALIA

Bologna

Emilia-Romagna

Sara is now in Bologna, home of the oldest university in Europe. After visiting the Biblioteca Centrale, she goes to a tavern where she talks with some older gentlemen. They are playing an ancient card game with **tarocchi**, Italian tarot cards. You will hear their conversation. Listen carefully, as many times as you need to. Then answer the questions you hear.

Ed ora rispondete!

Espressioni utili:

la Papessa	*female pope*
truccato	*made up, disguised*
il parto	*childbirth*
muore	*dies*

1. tedesca   famosa nell'Appennino Emiliamo   una storia vera

2. una donna nobile   la moglie del papa   una donna truccata da uomo

3. durante il parto   in battaglia   a 90 anni

Ed ora scriviamo! Sentirete tre volte un breve dettato. La prima volta ascoltate attentamente. La seconda volta, scrivete quello che sentite. La terza volta, correggete quello che avete scritto. Usate un altro foglio.

VACANZE IN ITALIA E ALL'ESTERO

CAPITOLO 10

PRONUNCIA: THE SOUNDS OF THE LETTERS *B* AND *P*

A. *B e doppia b.* The letter **b** is pronounced as in the English word *boy*. Compare and contrast the single and double sounds of **b** in these pairs of words. Ascoltate e ripetete.

1. da basso / abbasso
2. abile / abbaiare
3. laboratorio / labbro
4. debole / ebbene

B. *P.* The sound of the letter **p** in Italian is similar to that in the English word *pen*, though without the aspiration or slight puff of air one hears in English. Listen carefully to these English and Italian words, then repeat the Italian word. Ascoltate e ripetete.

1. pizza / pizza
2. page / pagina
3. palate / palato
4. pope / papa
5. pepper / pepe

C. *Doppia p.* Compare and contrast the single and double sound of **p** in these pairs of words. Ascoltate e ripetete.

1. papa / pappa
2. capelli / cappelli
3. capi / cappi
4. rapito / rapporto

D. **Parliamo italiano!** Ascoltate e ripetete le frasi.

1. Paolo ha i capelli e i baffi bianchi.
2. Ho paura di guidare quando c'è la nebbia.
3. Non capisco perché ti arrabbi sempre.
4. Hai già buttato giù la pasta?
5. Giuseppe, stappa una bottiglia di vino buono!

VOCABOLARIO PRELIMINARE

A. Dialogo-lampo. Sentirete un breve dialogo dal vostro testo. Sentirete il dialogo due volte. La prima volta, ascoltate attentamente. La seconda volta, ripetete quello che sentite.

> GIACOMO: Mi ero preparato per una calda vacanza californiana...
> PIETRO: Be'! Non a San Francisco! Come ha detto Mark Twain: «Il mio inverno più freddo è stata l'estate di San Francisco!»

B. Andiamo in vacanza! Sentirete cinque frasi incomplete. Sentirete ogni frase due volte. Ascoltate attentamente, poi scegliete la conclusione più logica.

> ESEMPIO: Non posso pagare in contanti, ma ho... →
>
>
> (lire   una carta di credito   un albergo)

1. doppia   singola   con televisore

2. d'inverno   in montagna   d'estate

3. doccia   bagno   con aria condizionata

4. molto   poco   economico

5. una pensione   una casa   una macchina

GRAMMATICA

A. Futuro semplice

A. Mini-monologo. Sentirete un brano dal vostro testo. Ripetete durante le pause. Attenzione all'intonazione!

> JEFF: Alla fine di giugno partirò per l'Italia con i miei genitori e mia sorella. Prenderemo l'aereo a New York e andremo a Roma. Passeremo una settimana insieme a Roma, poi i miei genitori noleggeranno una macchina e continueranno il viaggio con mia sorella. Io, invece, andrò a Perugia dove studierò l'Italiano per sette settimane. Alla fine di agosto ritorneremo tutti insieme negli Stati Uniti.

B. A domenica! Various family members are coming to town on Sunday for a wedding. Tell who, as in the example. Repeat the response.

> ESEMPIO: Stefania → Stefania arriverà domenica.

1. ...   2. ...   3. ...   4. ...   5. ...

C. Quando? Lucia wants to know about everyone's vacation plans. Answer her questions using the following information. Repeat the response.

ESEMPIO: Quando partirai? (martedì sera) → Partirò martedì sera.

1. la settimana prossima
2. in agosto
3. appena potrà

4. immediatamente
5. domenica mattina
6. il 2 luglio

Come sognate le vacanze?

Desiderate delle vacanze tranquille? Vi sentite a vostro agio in un'atmosfera paesana e intima? Vi piacerebbe poter uscire, dopo una gustosissima colazione, dal comodo albergo o dalla pensione che vi ospitano e   cominciare immediatamente un'escursione? Vi piacerebbe prendere il sole tra le montagne, avendo a due passi una città culturale   come Innsbruck? Siete alla ricerca di campi da golf   immersi in una regione ricca di funghi   o qua e là preferite una partitina a tennis? In poche parole: sognate di riposarvi praticando al tempo stesso dello sport?

Sì?

Allora venite da noi:

Prisma.

IGLS
La terrazza panoramica che domina Innsbruck

SÌ, sogno delle vacanze a IGLS. Vorrei ricevere informazioni più dettagliate e vi prego quindi di volermi inviare:

○ **prospetti sul programma estivo** oltre alle offerte riguardo alle
○ **pensioni, agli**
○ **alberghi di media categoria e a quelli a**
○ **4 o 5 stelle**

Ritagliare il tagliando e spedirlo a:
FVV Igls A - 6050 Igls

B. Usi speciali del futuro

A. Verranno? Maurizio wants everyone to come to his karate exhibition, but people's plans are up in the air. Answer his questions as in the example. Repeat the response.

ESEMPIO: Verrai? → Verrò se potrò.

1. ...   2. ...   3. ...   4. ...

B. Cosa farà? Sara is traveling through Italy; her mother is at home worrying about her. Play the part of Sara's mother and rephrase what you hear, as in the example. Repeat the response.

ESEMPIO: Dov'è in questo momento? → Dove sarà in questo momento?

1. ...   2. ...   3. ...   4. ...   5. ...   6. ...

C. Cosa faranno? Giorgio has some questions, but you don't have all the information he asks for. Looking at the items listed below, offer an educated guess. You will hear the correct response.

> ESEMPIO: Dov'è Mirella? (al cinema) → Non so; sarà al cinema.

1. alle sette
2. panini
3. cinque dollari

4. in biblioteca
5. latte e frutta

C. Futuro anteriore

A. Mini-dialogo. Sentirete un dialogo dal vostro testo. Ripetete durante le pause. Attenzione all'intonazione!

> BARBARA: Dopo che avrete visitato Roma, tornerete negli Stati Uniti?
> CRISTINA: Solamente mio marito: lui tornerà a New York, ma io partirò per la Sicilia.
> BARBARA: Quanto tempo ti fermerai in Sicilia?
> CRISTINA? Dipende: se non avrò finito tutti i soldi, ci resterò un mese.

B. Quando giocherete? Silvia is a real tennis buff; she's anxious for everyone to play with her. Tell her you'll all play after you have studied. Repeat the response.

> ESEMPIO: io → Io giocherò dopo che avrò studiato.

1. ... 2. ... 3. ... 4. ...

C. Progetti (*Plans*). Paolo is a methodical fellow; he plans things out logically. Use the following information and answer the questions you hear as Paolo would. Repeat the response.

> ESEMPIO: Quando scriverai la lettera? (trovare la penna) →
> Scriverò la lettera appena avrò trovato la penna.

1. ricevere lo stipendio
2. arrivare gli amici
3. comprare un casco (*helmet*)
4. decidere cosa fare
5. vestirsi

D. Cosa avranno fatto? React to Giulia's statements by saying what the people in question must have done. Use the appropriate forms of the expressions listed below. You will hear the correct response.

> ESEMPIO: Non vedo i Costa da tre giorni. (partire) → Saranno partiti!

1. capire male
2. prenotare un albergo di lusso
3. festeggiare senza di noi

4. baciarsi
5. andare alle Hawaii

D. Usi dell'articolo determinativo

A. Dove lavoravano? Tell where various people used to work. Use the following subjects and the locations you hear. Repeat the response.

> ESEMPIO: (loro) Stati Uniti → Loro lavoravano negli Stati Uniti.

1. tu
2. io
3. voi

4. il signor Manfredi
5. i signori Bassani

B. Vacanze estive. It's summer time and people are starting to make vacation plans. Answer the questions you hear using the following information. Repeat the response.

> ESEMPIO: Cosa visiterai quest'estate? (la Louisiana) → Visiterò la Louisiana.

1. il Colorado
2. il Monte Bianco
3. il Mississippi

4. gli Stati Uniti
5. l'Italia
6. l'Arizona

C. Cos'è importante? Tell whether or not various things are important to you personally. You will hear a possible response.

      ESEMPIO: lavoro → Per me, il lavoro è importante. (*o* Per me, il lavoro non è importante.)

1. ... 2. ... 3. ... 4. ... 5. ...

E. Date

A. Quanti ne abbiamo oggi? After you hear each item number, express the date you see, as in the example. (Remember that in Italian the first number indicates the day!) You will hear the correct response.

1. 5/6
2. 27/12
3. 13/3
4. 1/10
5. 24/9
6. 18/1

B. Auguri! What's the date? What's the season? Listen carefully, then answer the questions you hear. You will hear the correct response.

      ESEMPIO: Buon Natale! Buone feste!
                    Che giorno è? → È il venticinque dicembre.

1. ... 2. ... 3. ... 4. ... 5. ...

Sentirete il **Dialogo** da questo capitolo del testo. Ascoltate attentamente, più volte se necessario. Poi rispondete alle domande.

RENATO: Mi sento proprio bene! Non mi sembra vero di essere qui lontano dalle macchine, dal traffico, dallo smog... Tra poco faccio una bella nuotata, poi mi rimetto l'abbronzante protezione 15 e mi arrostisco tutto il giorno.

LAURA: Bravo! Così se ti ustioni passi la notte in bianco! Io vado un po' all'ombra...

RENATO: Questa sera starò all'ombra ma in un bel ristorantino... voglio fare una mangiata di pesce...

ENRICO: Anch'io... fritto misto, gamberi allo spiedo...

ZARA: Uffa! Ma voi pensate sempre al mangiare! Io invece oggi pomeriggio voglio andare nella foresta Umbra e domani con Laura farò un giro di tutte la fabbriche di ceramica della zona...

RENATO: La foresta è bellissima ma l'ho già vista tre volte, dunque oggi non mi muovo. Domani, se mi volete, verrò con voi... le ceramiche pugliesi mi piacciono da matti, soprattutto quelle classiche...

LAURA: A proposito, nel viaggio di ritorno a casa dobbiamo fermarci anche in Umbria, a Deruta. Lì ci sono le ceramiche più belle del mondo...

ENRICO: Ma ragazzi, pensate già al ritorno? Calma! Io in queste vacanze voglio rilassarmi, nuotare, abbronzarmi, al massimo noleggiare una barca e andare alle isole Tremiti...

ZARA: Per le Tremiti c'è la nave quasi tutti i giorni, è più comoda e sicura...

ENRICO: Meglio ancora! Se volete fare questa crocerina io sono d'accordo, adesso però basta con i programmi... mi sento già stanco... mi conviene andare in albergo e fare un dormita.

You will hear six statements based on the dialogue. You will hear each one twice. Circle **vero** if the statement is true and **falso** if it is false.

1. vero   falso
2. vero   falso
3. vero   falso

4. vero   falso
5. vero   falso
6. vero   falso

ED ORA ASCOLTIAMO!

Buon viaggio! You will hear a conversation between Tony and Cristina. Listen carefully, as many times as you need to. Then you will hear six statements twice. Circle **vero** or **falso**.

1. vero   falso   4. vero   falso

2. vero   falso   5. vero   falso

3. vero   falso   6. vero   falso

SARA IN ITALIA

Firenze

Toscana

Sara is heading south now, on the train to Florence. There she has a pleasant conversation with a middle-aged couple. You will hear their conversation. Listen carefully, as many times as you need to. Then answer the questions you hear.

Ed ora rispondete!

1. variata come i suoi dialetti   peggiore di quella francese   di poca importanza
2. in Inghilterra   in Francia   a Firenze
3. suo marito   il suo dialetto   i suoi chef

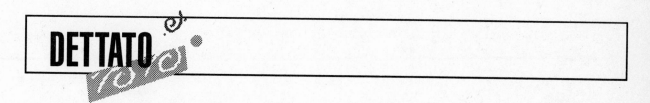

DETTATO

Ed ora scriviamo! Sentirete un breve dettato. La prima volta ascoltate attentamente. La seconda volta, scrivete quello che sentite. La terza volta, correggete quello che avete scritto. Usate un altro foglio.

LA SPESA E LE SPESE

PRONUNCIA: THE SOUNDS OF THE LETTERS *F* AND *V*

A. *F* **e** *f* **doppia.** The letter **f** is pronounced as in the English word *fine*. Compare and contrast the single and double sound of **f**. Ascoltate e ripetete.

1. da fare / daffare
2. tufo / tuffo
3. befana / beffare
4. epifania / piffero
5. gufo / ciuffo

B. *V* **e doppia** *v*. The letter **v** is pronounced as in the English word *vine*. Compare and contrast the single and double **v** sound in these pairs of words. Ascoltate e ripetete.

1. piove / piovve
2. bevi / bevvi
3. evidenza / evviva
4. ovest / ovvio
5. dove / ovvero

C. Parliamo italiano! Ascoltate e ripetete.

1. Servo il caffè all'avvocato.
2. È vero che vanno in ufficio alle nove?
3. Pioveva e faceva freddo.
4. L'imperfetto dei verbi irregolari non è difficile.
5. Vittoria aveva davvero fretta.
6. Dove vendono questo profumo?

A. Dialogo-lampo. Sentirete un breve dialogo dal vostro testo. Sentirete il dialogo due volte. La prima volta, ascoltate attentamente. La seconda volta, ripetete quello che sentite.

GIOVANNA: Ma guarda, abbiamo le stesse scarpe. Dove le hai prese?
SILVANA: Io le ho prese in via Condotti: 300.000 lire.
GIOVANNA: Io invece le ho prese al mercato: 70.000 lire!

B. Dove lo comprano? Guardate i disegni e dite dove e da chi queste persone fanno la spesa. Ripetete le risposte.

ESEMPIO:

Dove compra il pesce Mara? →
Lo compra in una pescheria dal pescivendolo.

1.

2.

3.

4.

5.

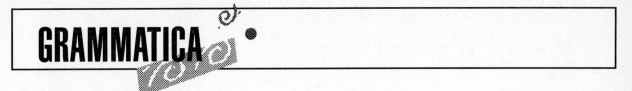

GRAMMATICA

A. Usi di **ne**

A. Mini-dialogo. Sentirete un dialogo dal vostro testo. Ripetete durante le pause. Attenzione all'intonazione!

MAMMA: Marta, per favore mi compri il pane?
MARTA: Volentieri! Quanto ne vuoi?
MAMMA: Un chilo. Ah sì, ho bisogno anche di prosciutto cotto.
MARTA: Ne prendo due etti?
MAMMA: Puoi prenderne anche quattro: tu e papà ne mangiate sempre tanto!
MARTA: Hai bisogno d'altro?
MAMMA: No, grazie, per il resto vado io al supermercato.

B. Domande per Lei. Answer the following questions according to your own personal experiences. You will hear a possible response.

ESEMPIO: Quanti corsi segue? → Ne seguo quattro.

1. ... 2. ... 3. ... 4. ... 5. ...

C. Quanti? Antonia has been out of town for several weeks; she wonders what her boyfriend has been up to. Answer her questions as he would, using the following information. Repeat the response.

ESEMPIO: Quanti film hai visto? (tre) → Ne ho visti tre.

1. due
2. molto
3. poco

4. tanto
5. quattro
6. un po'

B. Usi di **ci**

Altre domande per Lei. Answer these questions based on your own personal experiences. You will hear a possible response.

ESEMPIO: Va in Italia quest'estate? → No, non ci vado quest'estate.

1. ... 2. ... 3. ... 4. ... 5. ...

C. Pronomi doppi

A. Mini-dialogo. Sentirete un dialogo dal vostro testo. Ripetete durante le pause. Attenzione all'intonazione!

COMMESSA: Allora, signora, ha provato tutto? Come va?
CLIENTE: La gonna è troppo stretta, ma la camicia va bene. La prendo.
COMMESSA: Gliela incarto?
CLIENTE: No; me lo può mettere da parte? Ora vado a fare la spesa e poi passo a prenderla quando torno a casa.
COMMESSA: Va bene, signora, gliela metto qui, dietro al banco.

B. Oggi no. Everyone depends on you for small chores and favors, but today you're busy and can't help anyone out. Answer the questions, as in the example. You will hear the correct response.

> ESEMPIO: Puoi comprare il pane ai vicini (*neighbors*)? →
> Mi dispiace; oggi non glielo posso comprare.

1. ...　2. ...　3. ...　4. ...　5. ...

C. Un rompiscatole! Stefano is a bit of a nag, always checking to see if you've taken care of little chores. Answer him in the affirmative, as in the example. Repeat the response.

> ESEMPIO: Hai dato il libro a Carlo? → Sì, gliel'ho dato.

1. ...　2. ...　3. ...　4. ...　5. ...　6. ...

<u>Domanda:</u> Yomo ha sedici gusti. Vi ricordate quali?

<u>Risposta:</u> mirtilli, fragole, lamponi, agrumi, ananas, mele, mango, banana, pere, intero, ciliegie, magro, prugne, biscotto, albicocca, malto.

D. Imperativo (tu, noi, voi)

A. Il baby-sitter. Umberto is taking care of his neighbor's children. Play his role and tell the children what they should and should not do, using the subjects you hear and the following information. Repeat the response.

> ESEMPIO: ragazzi (non correre) → Non còrrete, ragazzi!

1. stare zitto
2. avere pazienza
3. andare in cucina
4. non mangiare la torta
5. tornare subito
6. non urlare (*yell*)

B. Ospiti. You have two houseguests. When they ask if they can do something, answer in the affirmative, using **pure** and object pronouns in your response. Repeat the response.

> ESEMPIO: Possiamo leggere la rivista? → Sì, leggetela pure!

1. ...　2. ...　3. ...　4. ...　5. ...

C. Assolutamente no! You and Riccardo can't agree on anything today. When he gives an order, contradict him, as in the example. Use object pronouns whenever you can. Repeat the response.

> ESEMPIO: Parliamo del film! → No, non parliamone!

1. ...　2. ...　3. ...　4. ...　5. ...

DIALOGO

Sentirete il **Dialogo** da questo capitolo del testo. Ascoltate attentamente, più volte se necessario. Poi rispondete alle domande.

GIOVANNA: Guarda che bella giacca! È proprio la linea classica Armani. Chissà quanto costa…

SILVANA: Be'… puoi immaginartelo… siamo in via Montenapoleone!

GIOVANNA: Perché non entriamo? Magari troviamo qualcosa in svendita.

SILVANA: Ma che svendite! Non siamo mica ai grandi magazzini! Qui, appena entri, il commesso ti salta addosso senza nemmeno darti il tempo di guardarti intorno. E poi, le nostre tasche non ci permettono di comprare neanche un fazzoletto Armani! Credimi, non ne vale la pena.

GIOVANNA: O quante storie! Provare non costa niente. Armani o no, io entro lo stesso.

COMMESSO: Buon Giorno, in cosa posso servirLa?

GIOVANNA: Vorrei provare quella giacca blu in vetrina.

COMMESSO: Tutto il completo o solo la giacca?

GIOVANNA: Solo la giacca.

COMMESSO: Benissimo. Che taglia porta?

GIOVANNA: Porto la quarantaquattro.

COMMESSO: Si accomodi pure in camerino. Gliela porto subito.

COMMESSO: Le sta a pennello!

GIOVANNA: In effetti ha proprio una belle linea. Quanto costa tutto il completo?

COMMESSO: Tre milioni e mezzo.

GIOVANNA: Ma… addesso che la guardo bene, non mi convince del tutto. Ci devo pensare.

COMMESSO: Ne abbiamo altri di modelli… a meno. Il completo verde in vetrina, simile a questo, viene due milioni e otto.

GIOVANNA: Veramente mi interessava proprio questo. Ad ogni modo, grazie.

COMMESSO: Di niente. ArrivederLa.

SILVANA: Allora? Hai fatto qualche affare?

GIOVANNA: Gli affari ci sono solo al mercato!

You will hear six statements based on the dialogue. You will hear each one twice. Circle **vero** if the statement is true and **falso** if it is false.

1. vero   falso   3. vero   falso   5. vero   falso

2. vero   falso   4. vero   falso   6. vero   falso

ED ORA ASCOLTIAMO!

Facciamo compere! Sentirete tre conversazioni ai grandi magazzini. Ascoltate attentamente, più volte se necessario. Che cosa vogliono comprare queste persone? Di che colore? Di che taglia? Inserite nella tabella le informazioni che sentite.

	CLIENTE A	CLIENTE B	CLIENTE C
il capo d'abbigliamento			
il colore			
la taglia			

SARA IN ITALIA

Urbino
Ancona
Le Marche

Sara is now in Urbino, a small town in Le Marche, a central region on the Adriatic coast. Urbino is still surrounded by its original walls; the birthplace of Raphael, it is one of the jewels of Renaissance architecture and fine arts. Sara meets her Italian friend Carla on a beautiful summer morning. You will hear their conversation. Listen carefully, as many times as you need to. Then answer the questions.

Ed ora rispondete!

1. un supermercato   un negozio di frutta e verdura   un grande magazzino

2. dei prezzi migliori   una storia interessante   un fascino diverso

3. ci sono le svendite   tiri sui prezzi   i prezzi sono fissi

DETTATO

Ed ora scriviamo! Sentirete un breve dettato. La prima volta ascoltate attentamente. La seconda volta, scrivete quello che sentite. La terza volta, correggete quello che avete scritto. Usate un altro foglio.

CAPITOLO 12

CERCARE CASA

PRONUNCIA: THE SOUNDS OF THE LETTER *T*

The Italian sound [t] is similar to the **t** in the English word *top*, though it lacks the aspiration (the slight puff of air) that characterizes English **t** at the beginning of a word. To pronounce **t** in Italian, place the tip of the tongue against the back of the upper teeth, but a bit lower than for the similar sound in English.

A. *T.* Compare and contrast the sound of English and Italian **t**. Listen to the English words, then repeat the Italian ones. Ascoltate e ripetete.

1. tempo / tempo
2. type / tipo
3. tremble / tremare
4. metro / metro
5. mute / muto

B. *T* e doppia *t*. Compare and contrast the single and double sounds of **t**. Ascoltate e ripetete.

1. tuta / tutta
2. fato / fatto
3. mete / mette
4. riti / ritti
5. moto / motto

C. Parliamo italiano! Ascoltate e ripetete le frasi.

1. Avete fatto tutto in venti minuti. Ottimo!
2. Mettete il latte nel tè?
3. Quanti tavolini all'aperto!
4. Il treno delle quattro e un quarto è partito in ritardo.
5. I salatini sono sul tavolino del salotto.

A. Dialogo-lampo. Sentirete un breve dialogo dal vostro testo. Sentirete il dialogo due volte. La prima volta, ascoltate attentamente. La seconda volta, ripetete quello che sentite.

> CARMELA: Allora, hai trovato casa?
> PINA: Sì, l'ho trovata, ma addesso devo cercare un secondo lavoro per pagare l'affitto!

B. Parliamo della casa! Date un'occhiata al disegno, poi scrivete le risposte alle domande che sentite. Sentirete ogni domanda due volte.

> ESEMPIO: Dove lascia la bici Mara? Al pianterreno o al primo piano? → *al pianterreno*

1. _____ 4. _____
2. _____ 5. _____
3. _____

GRAMMATICA

A. Aggettivi indefiniti

A. Mini-dialogo. Sentirete un dialogo dal vostro testo. Ripetete durante le pause. Attenzione all'intonazione!

> GIGI: Ciao, Claudio! Ho sentito che hai cambiato casa. Dove abiti adesso?
> CLAUDIO: Prima vivevo in un appartamento in centro, ma c'era troppo traffico e troppo rumore; così sono andato a vivere in campagna. Ho trovato una casetta che è un amore… È tutta in pietra, ha un orto enorme e molti alberi da frutta.
> GIGI: Sono contento per te! Sai che cosa ti dico? Alcune persone nascono fortunate!

B. Nuova casa. Elisabetta is looking for a new apartment, and she has many questions. Answer her, using the following expressions. Repeat the response.

    ESEMPIO: Ci sono dei balconi? (alcuni) → Sì, ci sono alcuni balconi.

1. qualche 2. ogni 3. qualunque 4. tutti 5. qualche 6. alcune

C. Delle domande per Lei. Tell about your own life and experiences, using the partitive if your response is affirmative. You will hear a possible response.

    ESEMPIO: Ha qualche Cd? → Sì, ho dei Cd. (*o* No, non ho Cd.)

1. ... 2. ... 3. ... 4. ...

D. Conformisti! Tell what everyone in the drawings is doing, using the subjects you hear and the follolwing verbs. Use **tutti** or **tutte** in your response. Repeat the response.

    ESEMPIO:

        ragazzi (correre) → Tutti i ragazzi corrono.

1.

      dormire

2.

      cucinare

3.

      cambiare casa

4.

      sistemare
      i mobili (*furniture*)

B. Pronomi indefiniti

A. Che cos'è? Lamberto seems to be suffering from amnesia today. Answer his questions using the following expressions. Repeat the response.

    ESEMPIO: E il lattaio? (vende il latte) → È qualcuno che vende il latte.
              E lo yogurt? (mangiamo a colazione) → È qualcosa che mangiamo a colazione.

1. si (*one*) mangia   4. si beve
2. vende la frutta   5. fa il pane
3. lavora in un negozio

B. Problemi di casa. You will hear five quick exchanges about the housing woes of Giulia, Marta, and Cinzia. After each one, answer the question you hear. You will hear each exchange twice. You will hear the response.

1. ...   2. ...   3. ...   4. ...   5. ...

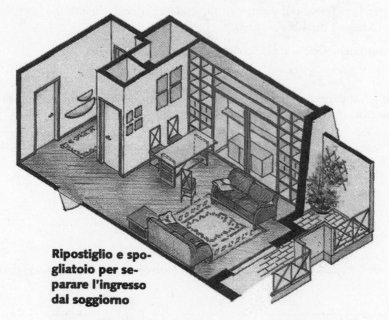

Ripostiglio e spogliatoio per separare l'ingresso dal soggiorno

Soggiorno: idee in più per riporre

Tra ingresso e soggiorno il ripostiglio si raddoppia. Le scelte che valorizzano il bagno. Andar per compere ai mercatini

C. Negativi

A. Mini-dialogo. Sentirete un dialogo dal vostro testo. Ripetete durante le pause. Attenzione all'intonazione!

MARITO: Sento un rumore in cantina: ci sarà qualcuno, cara...
MOGLIE: Ma no, non c'è nessuno: saranno i topi!
MARITO: Ma che dici? Non abbiamo mai avuto topi in questa casa. Vado a vedere.
MOGLIE: Ebbene?
MARITO: Ho guardato dappertutto ma non ho visto niente di strano.
MOGLIE: Meno male!

B. Arrivano le ragazze! Franco is looking forward to meeting two young women you know from Italy. Answer his questions about them in the negative. Repeat the response.

ESEMPIO: Sono già arrivate? → No, non sono ancora arrivate.

1. ...   2. ...   3. ...   4. ...   5. ...

C. Ma che dici? Dario has everything wrong today. Contradict him, as in the example. Repeat the response.

ESEMPIO: Luisa esce con qualcuno. → Luisa non esce con nessuno!

1. ... 2. ... 3. ... 4. ... 5. ... 6. ...

D. Numeri ordinali

A. Personaggi storici. After you hear each item number, read the name you see. You will hear the response.

1. Luigi XIV
2. Giovanni XXIII
3. Enrico VIII
4. Carlo V
5. Vittorio Emanuele III

B. Programmi per domenica. What is Ambra planning to do Sunday? In what order? Listen carefully to what she says, then stop the tape and complete the list by writing the appropriate ordinal number before each activity. You will hear Ambra's plans twice.

1. _____ finisco di studiare italiano

2. _____ leggo il giornale

3. _____ mi alzo tardi

4. _____ vedo un film

5. _____ mi preparo una bella prima colazione

6. _____ passo a trovare gli amici

DIALOGO

Sentirete il **Dialogo** da questo capitolo del testo. Ascoltate attentamente, poi rispondete alle domande.

SIMONETTA: Sono un po' nervosa. Credi che riusciremo a trovare qualcosa in affitto?

LUCIA: Non so proprio: probabilmente gli stranieri hanno più possibilità di noi di trovare un appartamento. Con l'equo canone i padroni di casa hanno paura di non riuscire a liberarsi dagli inquilini…

SIMONETTA: Già, e poi sanno che non possono aumentare l'affitto quando vogliono per cui preferiscono affittare per brevi periodi agli stranieri. Che ingiustizia!

LUCIA: Sì, ma almeno la legge protegge tutti quei vecchi inquilini che non possono pagare di più e che non possono comprare una casa. Una legge perfetta, però non è ancora stata inventata!

SIMONETTA: Verissimo! Dunque coraggio, diamoci da fare. Da dove incominciamo?

LUCIA: Prima guardiamo se ci sono annunci in università, poi guardiamo i giornali e poi andiamo in un'agenzia. Nel frattempo ci conviene contattare tutte le nostre conoscenze romane a mettere in giro la voce…

SIMONETTA: Giusto, questo è sempre il sistema più efficace. L'amico che conosce un amico che ha finito l'università e deve trasferirsi per lavoro in un altro posto…

LUCIA: Non incominciare a fantasticare! Insomma non sarà così semplice. Forse dovremo dividere la casa con qualcun altro. È più facile trovare una stanza che un intero appartamento.

SIMONETTA: Anche questa può essere una soluzione. In fondo a me basta avere un posto per dormire… e dei compagni di casa abbastanza simpatici… e una bella vista di Roma… e l'università a due passi… e un affitto ragionevole…

You will hear six statements based on the dialogue. You will hear each one twice. Circle **vero** if the statement is true and **falso** if it is false.

1. vero   falso

2. vero   falso

3. vero   falso

4. vero   falso

5. vero   falso

6. vero   falso

ED ORA ASCOLTIAMO!

La prima casa. Monica e Giovanni sono una giovane coppia. Cercano casa e parlano delle loro necessità. Ascoltate attentamente, più volte se necessario. Poi fermate il nastro e completate le frasi.

1. Secondo Giovanni, l'ascensore:

   _____ è una necessità.

   _____ farebbe comodo (*would be convenient*).

   _____ non è un elemento importante.

2. Monica dice che:

   _____ il posteggio (*parking place*) è un problema.

   _____ non hanno la macchina.

   _____ c'è il garage.

3. Per Monica, la lavastoviglie:

   _____ è meno importante di un affitto ragionevole.

   _____ è più importante di un affitto ragionevole.

   _____ è importante quanto la lavatrice.

4. Evidentemente, Giovanni vorrebbe (*would like*):

   _____ una grande cucina.

   _____ una bella vista.

   _____ un appartamento a pianterreno.

SARA IN ITALIA

Sara has chosen Assisi as the next stop in her tour of Italy. After seeing the famous frescoes by Giotto on the life of Saint Francis, she asks a tour guide for more information about the thirteenth-century friar. You will hear their conversation. Listen carefully, as many times as you need to. Then answer the questions you hear.

Ed ora rispondete!

1. un francese e un'italiana   un italiano e una francese   due italiani di Assisi
2. Giovanni   Pietro   Matteo
3. è molto comune   non esiste prima di San Francesco   è raro

Ed ora scriviamo! Sentirete un breve dettato. La prima volta ascoltate attentamente. La seconda volta, scrivete quello che sentite. La terza volta, correggete quello che avete scritto. Usate un altro foglio.

IL TRAFFICO E L'AMBIENTE

PRONUNCIA: THE SOUNDS OF THE LETTER *D*

In Italian, the letter **d** is pronounced like the **d** in the English word *tide*. Unlike the English **d**, however, the Italian **d** is always clearly articulated, regardless of position.

A. *D.* Listen carefully to these English and Italian words, then repeat the Italian words. Ascoltate e ripetete.

1. ditto / dito
2. day / dei
3. grandma / grande
4. modern / moderno
5. wedding / vedi

B. *D e doppia d.* Compare and contrast the single and double sound of **d**. Ascoltate e ripetete.

1. Ada / Adda
2. cade / cadde
3. fede / Edda
4. cadi / caddi
5. idea / Iddio

C. Parliamo italiano! Ascoltate e ripetete le frasi.

1. Avete deciso dove andare questa domenica?
2. Fa freddo in dicembre?
3. Dammi i soldi che ti ho dato!
4. Non devi dare del tu a tutti.
5. Dieci più dodici fa ventidue.
6. Non so cosa dovrei dire al dottore.

VOCABOLARIO PRELIMINARE

A. Dialogo-lampo. Sentirete un breve dialogo dal vostro testo. Sentirete il dialogo due volte. La prima volta, ascoltate attentamente. La seconda volta, ripetete quello che sentite.

SATURNINO: Deve essere il nuovo look dei terrestri del 2000.

MERCURIO: Forse dovremmo andare in vacanza da un altra parte. Sulla terra non si respira più come una volta.

B. Macchine e no. Sentirete cinque frasi incomplete. Sentirete ogni frase due volte. Ascoltate attentamente, poi scegliete la conclusione più logica.

ESEMPIO: Io vado poco in macchina perché non voglio... →

(inquinare l'aria   riciclare   depurare l'aria)

1. allacciare la cintura di sicurezza   fare l'autostop   controllare l'olio

2. prende la multa   rispetta i segnali   depura

3. cambiare la gomme   chiedere un passaggio   dare un passaggio

4. ricicliamo i rifiuti   facciamo benzina   fermiamo un vigile

5. la fascia di ozono   la patente   un segnale

6. l'autostrada   l'effetto serra   la protezione dell'ambiente

GRAMMATICA

A. Condizionale presente

A. Mini-dialogo. Sentirete un dialogo dal vostro testo. Ripetete durante le pause. Attenzione all'intonazione!

SANDRO: Pronto, Paola? Senti, oggi sono senza macchina. È dal meccanico per un controllo. Mi daresti un passaggio per andare in ufficio?

PAOLA: Ma certo! A che ora devo venirti a prendere? Va bene alle otto e un quarto?

SANDRO: Non sarebbe possibile un po' prima: diciamo, alle otto? Mi faresti un vero piacere! Devo essere al lavoro alle otto e mezzo.

PAOLA: Va bene, ci vediamo giù al portone alle otto.

B. Con un milione di dollari. What would these people do with a million dollars? Use the subjects you hear and the expressions you see. Repeat the response.

ESEMPIO: i signori Colombo (fare il giro del mondo) → Farebbero il giro del mondo.

1. comprare uno yacht
2. aiutare i poveri
3. andare a vivere alle Hawaii
4. scrivere il tuo romanzo
5. dare i soldi ai sieropositivi (*people who are HIV-positive*)

C. Qualcosa da bere? When Paola offers you or your friends a drink, tell her you or your friends would prefer the following items. Repeat the response.

> ESEMPIO: Vuoi una birra? (un'aranciata) → No, grazie, preferirei un'aranciata.

1. una cioccolata
2. una Coca-Cola
3. una limonata
4. un'acqua naturale (*uncarbonated*)
5. un tè freddo

B. **Dovere, potere** e **volere** al condizionale

A. Consigli (*Advice*). Daniele is telling you about people's bad habits. Tell him they shouldn't do those unwise things. Repeat the response.

> ESEMPIO: Bianca beve troppo. → Non dovrebbe bere troppo.

1. ... 2. ... 3. ... 4. ... 5. ... 6. ...

B. L'esperto di trasporti. Paolo knows it all when it comes to getting around. Play the role of Paolo and offer suggestions to your friends, using the following expressions. Repeat the response.

> ESEMPIO: Sono quasi rimasto senza benzina. (fare il pieno più spesso) →
> Potresti fare il pieno più spesso!

1. chiedere un passaggio a Laura
2. rispettare i segnali
3. usare la benzina super
4. controllare l'olio
5. andare in bici

Ogni anno tonnellate di olio usato vengono irresponsabilmente scaricate nel terreno, nei corsi d'acqua o indiscriminatamente bruciate anziché essere raccolte e riutilizzate. E provocano in questo modo la morte di animali e piante.

Ecco perché, voluto dalla legge, è nato il Consorzio Obbligatorio degli Oli Usati. Con il

compito specifico di raccogliere e riutilizzare ecologicamente l'olio usato delle fabbriche e dei mezzi di trasporto.

È molto importante che lo sappia anche tu. Perché è un problema che riguarda tutti noi. Consorzio Obbligatorio degli Oli Usati. Perché il mondo in cui viviamo sia una natura viva.

CONSORZIO OBBLIGATORIO DEGLI OLI USATI.
RACCOGLIE L'OLIO USATO. DIFENDE L'AMBIENTE.

C. Desideri. Different people would like different things. Tell about these people, using the subjects you hear and the following expressions. Repeat the response.

> ESEMPIO: io (andare in vacanza ai tropici) → Vorrei andare in vacanza ai tropici.

1. tornare a vivere a San Francisco
2. comprare una macchina sportiva
3. cambiare casa
4. fare un viaggio
5. diventare famoso
6. pagare tutte le mie multe

C. Dimostrativi

A. Mini-dialogo. Sentirete un dialogo dal vostro testo. Ripetete durante le pause. Attenzione all'intonazione!

SANDRO: Di chi è quell'automobile?

GABRIELLA: Quale? Quella targata Taranto?

SANDRO: No, quella nera; quella che è parcheggiata in divieto di sosta...

GABRIELLA: Non sono sicura, ma deve essere la macchina del professor Cotardo, quello che è sempre così distratto...

SANDRO: Uno di questi giorni, gli daranno una multa o gli porteranno via la macchina, vedrai!

B. Differenze. Rita and you focus on different things. Make observations opposite to hers, as in the example. Use the following expressions. Repeat the response.

ESEMPIO: Quest'uomo è scapolo. (sposato) → Ma quello è sposato.

1. doppia
2. brutti
3. di cattivo umore

4. piccolo
5. nuovo
6. basse

C. Quale vuoi? Throughout the day, people ask which things you and your friends want. Using the following information, tell them politely which ones you would really like. Repeat the response.

ESEMPIO: Vuoi il vestito verde? (blu) → Veramente vorrei quello blu.

1. al latte
2. inglesi
3. super

4. di vitello
5. bianche
6. a due porte

D. Pronomi possessivi

A. Di chi è? Ask Piero if the following objects belong to him, as in the example. Repeat the response.

ESEMPIO: questo disco → È tuo questo disco?

1. ... 2. ... 3. ... 4. ... 5. ... 6. ...

B. Curiosità. You have been invited to a party where you don't know anyone. Make small talk, as in the example. Paraphrase the expressions you see and use the pronouns you hear. Repeat the response.

ESEMPIO: Lei (La mia macchina è targata Roma.) → La mia è targata Roma, e la Sua?

1. Il mio lavoro è interessante.
2. Nostro zio abita con noi.
3. Le mie nonne abitano a Roma.
4. La mia lavatrice non funziona.
5. I miei figli vanno a scuola.
6. Nostra sorella è sposata.

DIALOGO

Sentirete il **Dialogo** da questo capitolo del testo. Ascoltate attentamente, più volte se necessario. Poi rispondete alle domande.

ENRICO: Guidi tu?

ALDO: Sì, guido io. So che il traffico nelle ore di punta ti innervosisce.

ENRICO: Non è tanto il traffico in se stesso che mi disturba, quanto lo smog delle macchine
che mi fa venire la nausea e un mal di testa terribile.

ALDO: Purtroppo io mi ci sono abituato.

ENRICO: E il problema è proprio questo: la gente si abitua a respirare sostanze tossiche, ad
evitare certe spiagge e certi mari, a non stendere i propri panni all'aperto perché
altrimenti si ritirano neri, a non bere più l'acqua del rubinetto, a vedere foreste intere
distrutte… La gente si abitua e non ci fa più caso.

ALDO: O meglio, ci fa caso ma preferisce chiudere gli occhi per pigrizia o per egoismo o
per interessi privati.

ENRICO: Eppure basterebbe così poco, sarebbe sufficente incominciare a rendersi conto che la
vita del nostro pianeta è in serio pericolo e che è assolutamente il dovere di ognuno
di noi contribuire a salvaguardarlo.

ALDO: Guarda come sono neri i muri delle nostre chiese! Figurati i nostri polmoni!

ENRICO: Non dovremmo meravigliarci quando vediamo persone che vanno in bicicletta
con la mascherina… Quasi dimenticavo, dobbiamo passare a prendere Paola!

ALDO: Giusto! Adesso che il centro storico è stato chiuso al traffico, dobbiamo fare il giro
per via Matteotti e parcheggiare davanti alla casa di Paola.

ENRICO: Ci crederesti? Dopo tante battaglie in Comune, finalmente il centro storico è salvo.

ALDO: Per così dire. La strada è ancora lunga ma almeno è un inizio.

You will hear six statements based on the dialogue. You will hear each one twice. Circle **vero** if the
statement is true and **falso** if it is false.

1. vero   falso

2. vero   falso

3. vero   falso

4. vero   falso

5. vero   falso

6. vero   falso

ED ORA ASCOLTIAMO!

Cosa dobbiamo fare? Ilaria, Gianfranco e Cecilia sono tre studenti che parlano della protezione
dell'ambiente. Ognuno presenta un problema che gli interessa personalmente. Ascoltate attentamente,
più volte se necessario. Poi identificate il problema presentato da ogni studente e la soluzione.

	ILARIA	GIANFRANCO	CECILIA
il problema			
una soluzione			

Roma

Lazio

Sara has finally made it to the capital, where she rings up a Roman friend. Listen carefully, as many times as you need to. Then complete the questions you hear.

Ed ora rispondete!

1. a bere un caffè
2. in un ristorante elegante
3. in moto

a prendere un aperitivo
in un ristorante ai Castelli Romani
a piedi

a mangiare
in trattoria
in autobus

DETTATO

Ed ora scriviamo! Sentirete un breve dettato. La prima volta, ascoltate attentamente. La seconda volta, scrivete quello che sentite. La terza volta, correggete quello che avete scritto. Usate un altro foglio.

LA MUSICA E IL PALCOSCENICO

VOCABOLARIO PRELIMINARE

A. Dialogo-lampo. Sentirete un breve dialogo dal vostro testo. Sentirete il dialogo due volte. La prima volta, ascoltate attentamente. La seconda volta, ripetete quello che sentite.

IL SIGNOR GALBIATI: Con chi esci stasera?

MAURA: Esco con Christian. È un musicista di professione. Vedrai, ti piacerà!

B. Musica e teatro. Guardate i disegni e rispondete alle domande che sentite. Ripetete la risposta.

ESEMPIO:

Nina e Franco guardano una commedia o una tragedia? →
Guardano una tragedia.

1.

2.

3.

4.

5.

C. Il mondo dello spettacolo. Sentirete cinque frasi incomplete. Sentirete ogni frase due volte. Ascoltate attentamente, poi scegliete la conclusione più logica.

ESEMPIO: Alfredo è regista; il mese scorso… →

(ha messo in scena l'*Otello*   ha recitato nell'*Otello*)

1.   una bravissima soprano   un bravissimo tenore

2.   attrice   compositrice

3.   recitare   allestire uno spettacolo

4.   di professione   dilettante

5.   il palcoscenico   la prima

A. Condizionale passato

A. Mini-dialogo. Sentirete un dialogo dal vostro testo. Ripetete durante le pause. Attenzione all'intonazione!

GIANCARLO: Ciao, Paolo, speravo di vederti a Spoleto: come mai non sei venuto?
PAOLO: Sarei venuto molto volentieri, ma purtroppo non ho trovato posto all'albergo.
GIANCARLO: Peccato! Avresti dovuto prenotare la camera un anno fa, come ho fatto io.

B. Del senno di poi... Giampaolo is a bit of a second-guesser. Play his part and say what these people should have done earlier (**prima**), using the following expressions. Repeat the response.

> ESEMPIO: Laura è arrivata in ritardo. (alzarsi) → Avrebbe dovuto alzarsi prima.

1. prenotare
2. arrivare
3. mangiare

4. prendere
5. tornare
6. decidere

C. Tutti al mare! Everyone had plans to study this weekend . . . before Maurizio threw his beach party! Using the subjects you hear, tell what they said they would do on Friday. Repeat the response.

> ESEMPIO: Maria → Ha detto che avrebbe studiato.

1. ...   2. ...   3. ...   4. ...   5. ...   6. ...

B. Pronomi relativi

A. Mini-dialogo. Sentirete un dialogo dal vostro testo. Ripetete durante le pause. Attenzione all'intonazione!

> ANGELA: Vittoria, ben tornata! Ti sei divertita al festival? Ho saputo che eri sempre in compagnia di un bellissimo ragazzo che fa l'attore, un Don Giovanni di cui tutte le donne s'innamorano.
>
> VITTORIA: I soliti pettegolezzi! Non bisogna credere a tutto quello che dice la gente!
>
> ANGELA: È vero. Però in ciò che dice la gente c'è spesso un granello di verità.

B. Benvenuta! You have just picked up Lisa at the station. Following the example, point out various things to her as you drive home. Repeat the response.

1. ...   2. ...   3. ...   4. ...   5. ...

C. Festival. Luciana is telling you about the summer arts festival. Combine the sentences you hear with the ones you see, using **che**. Repeat the response.

> ESEMPIO: È famoso. (Il musicista suona stasera) → Il musicista che suona stasera è famoso.

1. La canzone ha vinto il festival.
2. Il tenore vuole dormire.
3. La regista ha messo in scena la commedia.
4. La soprano canta in tedesco.
5. L'attore recita nell'*Amleto*.

D. Non lo capisco! That Simone is an inscrutable fellow—you can never quite understand him. Following the example, create sentences using the expressions you hear. You will hear the response.

> ESEMPIO: dire → Non capisco quel che dice.

1. ...   2. ...   3. ...   4. ...

C. Chi

A. Generalità. Restate the sentences you hear using **chi**, as in the example. Repeat the response.

> ESEMPIO: Le persone che parlano troppo non sono simpatiche. →
>   Chi parla troppo non è simpatico.

1. ...   2. ...   3. ...   4. ...   5. ...

B. Biancaneve e i sette nani. You're telling the story of Snow White to your little friend Rebecca. It's time for the dwarfs to ask who did all those nasty things! Use the expressions you see and respond during the pause after each item number. Repeat the response.

ESEMPIO: (mangiare nel mio piattino) → Chi ha mangiato nel mio piattino?

1. dormire nel mio lettino
2. bere nel mio bicchierino
3. usare il mio tavolino
4. leggere il mio libricino
5. prendere il mio cappellino
6. toccare le mie scarpine

C. Chi? You will hear a series of definitions, each one twice. Circle the word that is defined.

ESEMPIO: Chi scrive e canta canzoni. → (il basso   (il cantautore))

1. il pittore   lo scultore   4. il regista   il contadino

2. l'ascensore   le scale   5. il frigo   il pesce

3. l'autore   l'attore

DIALOGO

Sentirete il **Dialogo** da questo capitolo del testo. Ascoltate attentamente, più volte se necessario. Poi rispondete alle domande.

ANNA: Non potevate scegliere un periodo migliore! Luglio e agosto sono due mesi di spettacoli eccezionali in tutta Italia.

CLARK: Anche la stagione operistica all'Arena di Verona di cui ho sentito parlare è in estate?

ANNA: Altro che! È forse uno degli eventi più attesi dagli amanti dell'opera! Quest'anno viena allestita l'*Aida* di Verdi. Chissà che spettacolo!

CLARK: Dove possiamo comprare i biglietti?

ANNA: I biglietti? A trovarli! Addesso è troppo tardi, avreste dovuto comprarli almeno sei mesi fa!

CLARK: Accidenti! Ci saremmo dovuti informare prima! Mi sarebbe proprio piaciuto vedere quest'opera con tutti gli elefanti e i cammelli sul palcoscenico. Chissà che scenografia!

CHRISTIE: A me il grande spettacolo non interessa; io preferisco la semplicità della *Bohème* di Puccini.

ANNA: Ah, il grande amore tra il povero poeta Rodolfo, che vive miseramente in una soffitta con i suoi amici artisti, e la delicata Mimì ammalata di tisi…

CHRISTIE: Ma qual è l'altra storia d'amore ambientata a Parigi che finisce tragicamente?

ANNA: *La Traviata* di Verdi! Alfredo è innamorato della bella Violetta, una prostituta dell'alta società parigina. Il padre, contrario a questa unione, costringe Violetta a lasciare suo figlio…

CLARK: Basta, mi viene già da piangere! Ma tutte le opere devono finire per forza male?

ANNA: No, infatti ci sono due generi di opera: l'opera seria e l'opera buffa. La prima è un dramma con finale tragico, la seconda è piuttosto una commedia lirica.

CLARK: Anche nel Settecento e nell'Ottocento l'opera era così popolare?

ANNA: Ancora di più! Era una forma di intrattenimento tanto importante quanto il cinema oggi; anzi, l'opera buffa era nel Settecento il genere più popolare.

CHRISTIE: Mi piacerebbe proprio vedere una di queste opere comiche. Cosa ci consigli?

ANNA: *La Cenerentola* o *L'Italiana in Algeri* di Rossini sarebbero un buon inizio!

You will hear six statements based on the dialogue. You will hear each statement twice. Circle **vero** if the statement is true and **falso** if it is false.

1. vero   falso   4. vero   falso

2. vero   falso   5. vero   falso

3. vero   falso   6. vero   falso

ED ORA ASCOLTIAMO!

A. Andiamo al cinema! Questa settimana al cinema Excelsior c'è una rassegna sui film classici americani. Ascoltate attentamente il messaggio, più volte se necessario. Poi fermate il nastro e scrivete le informazioni che mancano.

	GIORNI	SPETTACOLI
Via col vento (Gone with the Wind)	_____	_____
Il Padrino (The Godfather)	_____	_____
Il Mago di Oz	_____	_____
A qualcuno piace caldo	_____	_____

B. Ancora una volta! Ora ascoltate il messaggio un'altra volta e indicate se le seguenti affermazioni sono vere o false.

1. vero   falso
2. vero   falso
3. vero   falso
4. vero   falso
5. vero   falso

SARA IN ITALIA

Napoli

Campania

From Rome Sara travels south to Naples, to enjoy the beautiful bay and the dramatic silhouette of Mount Vesuvius. She is in an old pizzeria talking to the **pizzaiolo**, the pizza maker. Listen carefully, as many time as you need to. Then answer the questions you hear.

Ed ora rispondete!

1. una famosa pizzaiola   la regina d'Italia   la creatrice della prima pizza

2. tre pizze   un ritratto   gli spaghetti alla napoletana

3. bianco e rosso   bianco e verde   bianco, rosso e verde

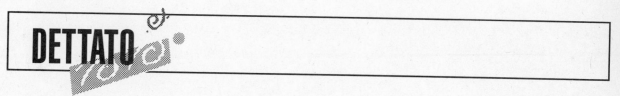

DETTATO

Ed ora scriviamo! Sentirete un breve dettato. La prima volta, ascoltate attentamente. La seconda volta, scrivete quello che sentite. La terza volta, correggete quello che avete scritto. Usate un altro foglio.

ARTE E LETTERATURA

VOCABOLARIO PRELIMINARE

A. Dialogo-lampo. Sentirete un breve dialogo dal vostro testo. Sentirete il dialogo due volte. La prima volta, ascoltate attentamente. La seconda volta, ripetete quello che sentite.

> LUCIANO: Etruschi, greci, arabi… tutti contribuirono al patrimonio artistico italiano.
> MASSIMINO: E i francesi, gli inglesi?
> LUCIANO: Be', ne trasferirono un po' nei loro paesi…

B. Le belle arti. Date un'occhiata ai disegni, poi rispondete alle domande che sentite. Sentirete ogni domanda due volte. Ripetete la risposta.

ESEMPIO:

Che tipo di quadro è questo? →
È un paesaggio.

1.

2.

3.

4.

5.

C. Ancora sulle arti. Sentirete cinque frasi incomplete. Sentirete ogni frase due volte. Ascoltate attentamente, poi scegliete la conclusione più logica.

ESEMPIO: Mi piace leggere, ma non mi piacciono le cose lunghe; preferisco... →

(i romanzi   i dipinti   (le novelle))

1. quadro	scavo	racconto
2. la statua	l'archeologia	la pittura
3. un capolavoro	un affresco	una poesia
4. ruderi	poeti	restauri
5. rovine	architettura	scultura

GRAMMATICA

A. Passato remoto

A. Mini-monologo. Sentirete un brano dal vostro testo. Ripetete durante le pause. Attenzione all'intonazione!

Oggi vi parlerò di Michelangelo, di questo grandissimo artista che si affermò come pittore, scultore, architetto ed anche poeta. Studiò con il Ghirlandaio e poi lavorò per principi, duchi, vescovi e papi. La sua opera più famosa sono gli affreschi della volta della Cappella Sistina. Questo immane lavoro che Michelangelo volle eseguire senza alcun aiuto durò ben quattro anni (1508-1512). Gli affreschi illustrano episodi del Vecchio Testamento e culminano con il Giudizio Universale...

B. Chi ebbe fortuna? Tell who had good luck, as in the example. Repeat the response.

    ESEMPIO: lui → Lui ebbe fortuna.

1. ...   2. ...   3. ...   4. ...   5. ...

C. Chi venne in America? Tell who came to America, as in the example. Repeat the response.

    ESEMPIO: Sir Walter Raleigh → Sir Walter Raleigh venne in America.

1. ...   2. ...   3. ...   4. ...   5. ...

D. Quando? It's Lucia's first time in Italy; she has questions about all the sights she sees and the people she meets. Use the following expressions and the subjects you hear to ask questions as she would. Repeat the response.

    ESEMPIO: (affrescare questa chiesa) Giotto → Quando affrescò questa chiesa?

1. andare a Ravenna
2. trasferirsi a Roma
3. restaurare l'*Ultima Cena*
4. morire
5. vedere la Cappella Sistina
6. conoscere i signori Baldocchi

B. Ripasso dei tempi del passato

A. Mini-racconto. Sentirete un brano dal vostro testo. Ripetete durante le pause. Attenzione all'intonazione!

    Due uomini viaggiavano insieme. Uno trovò una scure e l'altro disse: «Abbiamo trovato una scure.» «No,» osservò il primo, «perché dici abbiamo trovato? Devi dire hai trovato.»
        Poco dopo si videro inseguiti da quelli che avevano perduto la scure, e quello che l'aveva disse al compagno. «Siamo rovinati!» «Non devi dire siamo rovinati,» rispose il compagno, «devi dire sono rovinato.»

B. Mi ricordo... Mrs. Bianchi is thinking back over various events in her life. Complete the sentences you hear as she would, using the following expressions. Repeat the response.

ESEMPIO: Mi ricordo che vendemmo la macchina... (non andare bene) →
Mi ricordo che vendemmo la macchina perché non andava bene.

1. piovere
2. avere paura
3. essere minorenni (*underage*)

4. esserci la neve
5. fare freddo
6. essere commossa (*moved*)

C. Perché non scrissero? Paola didn't hear from any of her friends this summer. Tell why, using the subjects you hear and the following expressions. Repeat the response.

ESEMPIO: Gina (non aveva tempo) → Gina non scrisse perché non aveva tempo.

1. non sapere il nostro indirizzo
2. essere depressa
3. essere troppo occupata

4. non averne voglia
5. non amarmi più

C. Riassunto dei plurali irregolari

A. Mini-dialogo. Sentirete un dialogo dal vostro testo. Ripetete durante le pause. Attenzione all'intonazione!

LUCIANO: Questi quadri sono stupendi. Sono magnifici! Sono antichi?
VALERIO: No, non sono nemmeno vecchi! Per fortuna ho molti amici e amiche che dipingono e ogni tanto mi fanno un regalo. Lo stile è classico ma i pittori sono contemporanei.

B. Cosa sono? Take a look at the drawings and answer the questions you hear. Repeat the response.

ESEMPIO:

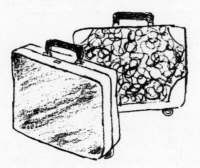

È una valigia? → No, sono due valige.

1.

2.

3.

4.

5.

6.

C. Uno o due? You will hear a series of expressions. You will hear each one twice. Write down the plural form if you hear the singular and the singular if you hear the plural. Answers are at the end of the manual.

ESEMPIO: occhio grigio → _____*occhi grigi*_____

1. _____ 4. _____

2. _____ 5. _____

3. _____ 6. _____

DIALOGO

Sentirete il **Dialogo** da questo capitolo del testo. Ascoltate attentamente, più volte se necessario. Poi rispondete alle domande.

VALERIO: Non vedo l'ora di vedere come è venuto il restauro degli affreschi!

LUCIANO: Dicono che i colori sono molto più vivaci, come nella Cappella Sistina dopo il restauro degli affreschi di Michelangelo.

GIOVANNA: E durante i lavori hanno scoperto molte cose interessanti sulla tecnica pittorica di Filippo Lippi. Per esempio, non tutto è stato dipinto a fresco, cioè sulla calce fresca…

LUCIANO: E perché?

GIOVANNA: Perché Filippo Lippi non dipingeva con l'aiuto di cartoni, cioè di disegni preparati prima sulla carta a grandezza originale, ma improvvisava molto. Quindi, spesso doveva perfezionare il suo lavoro o quello dei suoi aiutanti con la tecnica a secco…

VALERIO: Caspita! Come sei preparata! Che altro sai? Data di nascita, data di morte, anno di esecuzione dell'opera, maestri e discepoli dell'artista?

GIOVANNA: Tutto! Mi sono studiata la guida ieri sera prima di andare a dormire così posso farvi da cicerone. Dunque, Filippo Lippi nacque a Firenze nel 1406, fu discepolo di Masolino, lavorò per i Medici e per le famiglie più illustri del suo tempo. Dipinse le Storie della Vergine per il Duomo di Spoleto tra il 1466 e il 1469, anno della sua morte. Leonardo ne apprezzò la capacità di percezione ambientale e di osservazione del reale. Michelangelo lo celebrò e lo imitò in molte cose…

VALERIO: Insomma, fu uno dei grandi del Rinascimento, come il Pinturicchio che andremo a vedere domani nella cattedrale di Spello, un piccolo paese non lontano da qui. Ho saputo, per caso, che anche i suoi affreschi sono stati restaurati…

LUCIANO: Mamma mia! Devo dirlo al mio amico Peter! Così quando verrà in Italia non andrà, come sempre, solo a Firenze e a Roma. Ci sono troppo cose da scoprire in giro per la penisola…

You will hear six statements based on the dialogue. You will hear each one twice. Circle **vero** if the statement is true and **falso** if it is false.

1. vero   falso   3. vero   falso   5. vero   falso
2. vero   falso   4. vero   falso   6. vero   falso

ED ORA ASCOLTIAMO!

Un viaggio organizzato. Marco parla di un suo viaggio in Italia. Ascoltate attentamente, più volte se necessario. Poi indicate se le frasi che sentite sono vere o false. Sentirete ogni frase due volte.

1. vero   falso   3. vero   falso   5. vero   falso
2. vero   falso   4. vero   falso   6. vero   falso

SARA IN ITALIA

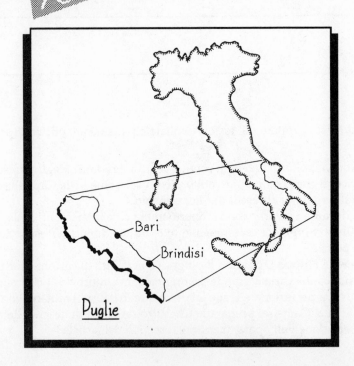

Sara continues travelling south, this time to Bari, the leading port of southwest Italy. Bari is the capital of the region known as Apulia in English and Puglie in Italian. She talks with an older woman. Listen carefully, as many times as you need to. Then answer the questions you hear.

Ed ora rispondete!

1. nel pomeriggio   di notte   alla sera

2. ebbe paura   tornò indietro (*back*)   pianse

3. la sgridò (*she yelled at her*)   chiamò suo padre   le chiese dove era stata

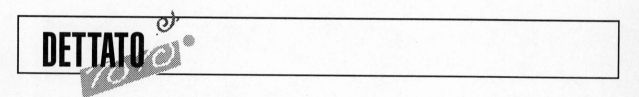

DETTATO

Ed ora scriviamo! Sentirete un breve dettato. La prima volta, ascoltate attentamente. La seconda volta, scrivete quello che sentite. La terza volta, correggete quello che avete scritto. Usate un altro foglio.

PARLARE DI POLITICA

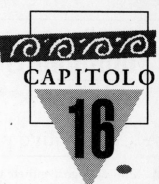
VOCABOLARIO PRELIMINARE

A. Dialogo-lampo. Sentirete un breve dialogo dal vostro testo. Sentirete il dialogo due volte. La prima volta, ascoltate attentamente. La seconda volta, ripetete quello che sentite.

> ANITA: Per chi voti?
> ADRIANA: Per chi difende la democrazia e gli interessi di tutti i cittadini.
> ANITA: E chi sarebbe?
> ADRIANA: Sto ancora cercando di capirlo…

B. Politica a società. Sentirete cinque frasi incomplete. Sentirete ogni frase due volte. Ascoltate attentamente, poi scegliete la conclusione più logica.

> ESEMPIO: Mia sorella è segretaria presso l'Olivetti. È… →
>
> (un'impiegata   un'operaia   una deputata)

1. un aumento   una riduzione   una costituzione

2. partiti politici   ministri   disoccupati

3. diminuire   scioperare   votare

4. le tasse   gli operai   le elezioni

5. in aumento   in sciopero   in diminuzione

GRAMMATICA

A. Congiuntivo presente

A. Mini-dialogo. Sentirete un dialogo dal vostro testo. Ripetete durante le pause. Attenzione all'intonazione!

PENSIONATO 1: Ho l'impressione che i problemi del mondo siano in continuo aumento: mi pare che aumenti il problema della povertà, così come quello della disoccupazione: mi sembra che crescano i problemi delle minoranze e degli immigrati; credo che siano molto gravi i problemi ecologici... chi vuoi che pensi ai pensionati?

PENSIONATO 2: Ma anche i nostri problemi sono importanti e dobbiamo farci sentire. Anzi, io penso che sia necessario che tutti si occupino dei problemi di tutti, non solo dei propri!

B. Non mi capisce nessuno! Tell about all the people you think don't understand you. Use the subjects you hear. Repeat the response.

ESEMPIO: i miei genitori → Credo che i miei genitori non mi capiscano.

1. ...   2. ...   3. ...   4. ...   5. ...

C. Le faccende di casa. When Renata asks if you will be doing certain things around the house, tell her you want the following people to do them instead. Repeat the response.

ESEMPIO: Pulirai il frigo? (Paolo) → No, voglio che Paolo pulisca il frigo!

1. voi
2. tu
3. gli altri
4. Claudio
5. tu e Claudio

D. Roberta, sei magra! Every time Roberta goes home her mother says Roberta's too thin. Take the part of Roberta's mother and complete the sentences you hear with the following expressions. Repeat the response.

ESEMPIO: penso (essere troppo magra) → Penso che tu sia troppo magra.

1. essere qui
2. avere fame
3. non cercare di dimagrire
4. mangiare di più
5. stare a dieta
6. ingrassare

B. Verbi ed espressioni che richiedono il congiuntivo

A. Mini-dialogo. Sentirete un dialogo dal vostro testo. Ripetete durante le pause. Attenzione all'intonazione!

CAMERIERE: Professore, vuole che Le porti il solito caffè o preferisce un poncino?
PROFESSORE: Fa un po' fresco... Forse è meglio che prenda un poncino. Scalda di più.
CAMERIERE: Speriamo che questo sciopero finisca presto, professore.
PROFESSORE: Certo; ma bisogna che prima gli insegnanti abbiano un miglioramento delle condizioni di lavoro.

B. Opinioni e speranze. Pierpaolo is a reporter, interviewing people on the street on various issues. Listen carefully to his questions, then answer using the following expressions. Repeat the response.

> ESEMPIO: Il razzismo è un problema molto grave? (Mi pare…) →
> Mi pare che il razzismo sia un problema molto grave.

1. Ho l'impressione che…
2. Mi dispiace che…
3. Sono contento che…

4. Immagino che…
5. Mi dispiace che…
6. È probabile che…

C. Sfumature (*Shades of meaning*). Mrs. Danieli is an executive; she makes a habit of conveying her views with precision. Listen to the feelings she expresses, then complete her thoughts using the following expressions. Repeat the response.

> ESEMPI: Preferisco… (Morelli va a Roma.) → Preferisco che Morelli vada a Roma.
> Sono certa… (Avete il personale necessario.) → Sono certa che avete il personale necessario.

1. Arrivate puntuale.
2. Gli operai sono in sciopero.
3. Finiremo entro (*by*) il quindici.

4. Tutti partecipano alla riunione.
5. Dobbiamo licenziare (*fire*) qualcuno.

C. Congiuntivo passato

A. È strano. A number of people didn't make it to class today. Express your surprise, as in the example. Repeat the response.

> ESEMPIO: Paolo → È strano che Paolo non sia venuto.

1. …   2. …   3. …   4. …   5. …

B. Sciopero! You are a great supporter of workers' rights. Express your approval of your friends' work actions, as in the example. Repeat the response.

> ESEMPIO: Abbiamo fatto sciopero. → È bene che abbiate fatto sciopero.

1. …   2. …   3. …   4. …   5. …

C. Speranze. Mariella is very politically engaged. Play her role and answer the questions you hear, telling about your hopes. Repeat the response.

> ESEMPIO: Il governo ha aiutato i poveri? → Spero che abbia aiutato i poveri.

1. …   2. …   3. …   4. …   5. …

D. Congiuntivo o infinito?

A. Mini-dialogo. Sentirete un dialogo dal vostro testo. Ripetete durante le pause. Attenzione all'intonazione!

> FIORELLA: Valentina, come mai in giro a quest'ora? Non sei andata in ufficio?
> VALENTINA: Non lo sapevi? Ho chiesto altri sei mesi di aspettativa per avere più tempo per mio figlio.
> FIORELLA: Sei contenta di stare a casa?
> VALENTINA: Per ora sì, ma tra sei mesi bisogna che io torni a lavorare e allora mio marito chiederà l'aspettativa per stare col bambino.

B. Impressioni. What's on everyone's mind? Listen to how people are feeling, then use the following expressions to complete their thoughts. Repeat the response.

> ESEMPI: Io spero… (Tu hai fortuna.) → Io spero che tu abbia fortuna.
> Lietta vuole… (Lietta trova un lavoro.) → Lietta vuole trovare un lavoro.

1. Marco è sfortunato.
2. Sonia torna presto.
3. Perdete il lavoro.

4. Sono in ritardo.
5. Herbert non dice la verità.

BACIARE

" perché "
senza amare
non basta niente

OGNI MESE È IN EDICOLA

SMEMORANDA®

DIRE, FARE, BACIARE.

Perché vale comunque la pena di vivere
un po' sul serio, un po' per ridere

C. Pensieri. Create new sentences by beginning with the expressions you hear. Use **che** + *indicative*, **che** + *subjunctive*, or the infinitive with or without **di**. Follow the examples. Repeat the response.

> ESEMPI: (Marco è in sciopero.)
> È vero... → È vero che Marco è in sciopero.
> Crediamo... → Crediamo che Marco sia in sciopero.
> Marco vorrebbe... → Marco vorrebbe essere in sciopero.

Voto socialista.

1. ... 2. ... 3. ... 4. ...

Hanno avuto un aumento.

1. ... 2. ... 3. ... 4. ...

E. Nomi e aggettivi in -a

Chi sono? Listen carefully, then tell who are the people described. You will hear each description twice. Repeat the response.

ESEMPIO: È un signore che visita un paese straniero. → È un turista.

1. ... 2. ... 3. ... 4. ... 5. ...

DIALOGO

Sentirete il **Dialogo** da questo capitolo del testo. Ascoltate attentamente, più volte se necessario. Poi rispondete alle domande.

ENRICO: Accendi la televisione, voglio sentire quanti altri socialisti si sono beccati oggi una denuncia...

GIULIA: O quanti democristiani o repubblicani o comunisti... ormai non si salva più nessuno.

GUIDO: Ed era anche ora! Non se ne poteva più della corruzione, delle tangenti, di politici e finanzieri che si arricchivano sulla pelle degli italiani!

GIULIA: Tutto verissimo! Il problema però è che la situazione politica adesso è estremamente confusa. Ho paura che nessuno sappia cosa fare, per chi votare, cosa aspettarsi dal futuro...

ENRICO: Non c'è una forza politica che abbia un programma decente. C'è solo molta demagogia e i peggiori sfruttano la situazione.

GIULIA: Infatti crescono i partiti della destra... mi sembra quasi che sia peggio di prima. Siamo cascati dalla padella nelle brace?

GUIDO: Non esageriamo! Cerchiamo di essere un po' ottimisti. In fondo gli italiani hanno sempre dimostrato una grande coscienza politica e civile, soprattutto nei momenti più difficili. Non voglio fare della retorica ma sono convinto che anche questa volta sapremo difendere la democrazia e riusciremo a punire i colpevoli senza mettere in crisi tutto il sistema...

ENRICO: Ma il sistema è già in crisi, è in crisi da anni! Tutta l'Europa è in crisi e saltano fuori i vecchi nazionalismi, guarda cosa è successo alla ex-Jugoslavia. E chi se l'aspettava?

GIULIA: Adesso basta per favore! Se incominciamo a parlare di guerre mi va tutto di traverso e questa notte mi vengono gli incubi. Speriamo che la ragione trionfi...

GUIDO: E che la gente tenga gli occhi ben aperti... e che non si torni indietro...

You will hear five statements based on the dialogue, each one twice. Check off the word or phrase that best completes each one.

1. _____ della corruzione

   _____ dell'inflazione

   _____ della televisione

2. _____ ottimista

   _____ aperta

   _____ confusa

3. _____ un programma decente

   _____ una grande coscienza politica

   _____ molta demagogia

4. _____ difende la democrazia

   _____ punisce i politici corrotti

   _____ è in crisi

5. _____ la ragione trionfi

   _____ la gente decida di votare

   _____ sia peggio di prima

ED ORA ASCOLTIAMO!

Un brutto sogno. You will hear a conversation between Giulia and Guido. Listen carefully, more than once if necessary. Then you will hear five incomplete statements twice. Circle the phrase that best completes the statement you hear.

1. vestita da antica romana
2. un lavoro interessante
3. doveva pagare molto
4. erano tutti mascherati (*masked*)
5. è diventata famosa

spaventata (*terrified*)
un grosso contratto
era stata avvertita (*warned*)
le immagini erano confuse
si è svegliata

SARA IN ITALIA

Sara is now in Lecce, a small baroque city on the heel of the peninsula. Here she talks with a friend of hers about her experiences throughout her trip. Listen carefully, as many times as you need to. Then answer the questions you hear.

Ed ora rispondete!

1. talmente (*so very*) piene di turisti   con troppo traffico   troppo inquinate

2. alla sua famiglia   a dove vivessero i veneziani   al suo ragazzo

3. degli stranieri   di non essere capita   della gente

DETTATO

Ed ora scriviamo! Sentirete un breve dettato. La prima volta ascoltate attentamente. La seconda volta, scrivete quello che sentite. La terza volta, correggete quello che avete scritto. Usate un altro foglio.

IL MONDO DEL LAVORO

CAPITOLO 17

VOCABOLARIO PRELIMINARE

A. Dialogo-lampo. Sentirete un breve dialogo dal vostro testo. Sentirete il dialogo due volte. La prima volta, ascoltate attentamente. La seconda volta, ripetete quello che sentite.

GIORDANO: Inflazione, disoccupazione, crisi economica… e come lo trovo un lavoro?!
ANTONELLA: Bisogna aver pazienza e persistere: fare domande, rispondere ad annunci, partecipare a concorsi…
GIORDANO: E tu, da quanto tempo persisti?

B. Breve storia di Alessandra. Sentirete un brano e poi cinque affermazioni. Sentirete il tutto due volte. Ascoltate attentamente, poi indicate se le affermazioni sono vere o false.

1. vero   falso
2. vero   falso
3. vero   falso

4. vero   falso
5. vero   falso

GRAMMATICA

A. Congiunzioni che richiedono il congiuntivo

A. Mini-dialogo. Sentirete un dialogo dal vostro testo. Ripetete durante le pause. Attenzione all'intonazione!

SIGNOR ONGETTA: Pronto, Signora Croci? Buon giorno, sono il rappresentante della Bottega del Gioiello. A proposito delle catene d'oro… non deve preoccuparsi, le ho già spedite e arriveranno in settimana… a meno che la posta non abbia ritardi!
SIGNORA CROCI: Sarebbe possibile una seconda spedizione prima che finisca l'anno? Ai nostri clienti piacciono molto le vostre creazioni!

SIGNOR ONGETTA: Non glielo posso promettere: per quanto i miei operai facciano il possibile, c'è sempre la possibilità di qualche intoppo.

SIGNORA CROCI: E il costo, sarà lo stesso?

SIGNOR ONGETTA: Be', no, ci sarà un leggero aumento. Ne capirà i motivi senza che glieli spieghi: il prezzo dell'oro, il costo della mano d'opera, l'inflazione…

B. Chi si sveglia prima? Your hard-working housemate Chiara is up and out long before the rest of you make it out of bed. Tell who she gets out of the house before, as in the example. Repeat the response.

ESEMPIO: io → Esce di casa prima che io mi alzi.

1. … 2. … 3. … 4. … 5. …

C. Maria. You don't approve of something Maria did. Explain to her how you're feeling. Use the following expressions to complete the sentences you hear. Repeat the response.

ESEMPIO: Ti parlo affinché… (tu / capire) → Ti parlo affinché tu capisca.

1. io / essere stanca
2. tu / non arrabbiarsi
3. non piacermi
4. tu / non farlo più
5. tu / non volere

D. Opinioni, condizioni. Romolo is talking about his career plans and those of his friends. Complete the sentences you hear using the following expressions. Repeat the response.

ESEMPIO: La ditta mi assume purché… (io / avere i requisiti) →
La ditta mi assume purché io abbia i requisiti.

1. tu / poter trovare lavoro facilmente
2. io / continuare a telefonare
3. lei / non avere la macchina
4. voi / accompagnarmi in agenzia
5. Beatrice / poter essere felice

B. Altri usi del congiuntivo

A. Non dico niente! You've decided to hold your tongue, no matter what the others do. Create new sentences using the expressions you hear. Repeat the response.

ESEMPIO: (Qualunque cosa facciano, io non dico niente.) preparare →
Qualunque cosa preparino, io non dico niente.

1. … 2. … 3. … 4. …

B. Certezze. Some days you can just state things with confidence. Rephrase what you hear, starting with the following expressions. Repeat the response.

ESEMPIO: Le persone che cercano lavoro devono riempire questi moduli. (Chiunque…) →
Chiunque cerchi lavoro deve riempire questi moduli.

1. Dovunque…
2. Qualunque cosa…
3. Comunque…
4. Chiunque…
5. Qualunque…

C. Mauro. You are impressed with everything Mauro shows you. Tell him they are the most beautiful you've ever seen. You will hear the response.

ESEMPIO: museo → È il museo più bello che io abbia visto.

1. … 2. … 3. … 4. …

D. Cattivo umore. You are in a bad mood. After you hear each item number, tell everything that's missing in your life, using the expressions listed. You will hear the response.

ESEMPIO: (nessuno / amarmi) → Non c'è nessuno che mi ami.

1. niente / interessarmi
2. nessuno / volere studiare con me
3. niente / piacermi nel frigo
4. nessuno / farmi regali

E. Quale? You will hear six statements. You will hear each one twice. Indicate whether the sentence refers to a known or imaginary person or object.

ESEMPIO: Piera, c'è qualcuno che ti aspetta giù dal portone. → ((reale)   immaginario)

1. reale   immaginario   3. reale   immaginario   5. reale   immaginario

2. reale   immaginario   4. reale   immaginario   6. reale   immaginario

C. Costruzioni con l'infinito

A. Propositi (*Intentions*). What are Rebecca's plans for the day? Rephrase what she says, as in the example. Use the following cues, and repeat the response.

ESEMPIO: Ho paura: non voglio dimenticare l'appuntamento! (dimenticare l'appuntamento) →
          Ho paura di dimenticare l'appuntamento!

1. preparare la tavola   4. andare in vacanza
2. contare fino a cento in spagnolo   5. farmi male in cucina
3. non mangiare più le caramelle   6. ascoltare dischi

B. Delle domande per Lei. Answer the following questions according to your own feelings and experiences. You will hear possible responses.

ESEMPIO: Che cosa ha bisogno di fare? → Ho bisogno di fare più ginnastica

1. ...   2. ...   3. ...   4. ...   5. ...

D. Le forme **Lei** e **Loro** dell'imperativo

A. Mini-dialogo. Sentirete un dialogo dal vostro testo. Ripetete durante le pause. Attenzione all'intonazione!

> SEGRETARIA: Dottoressa, il signor Biondi ha bisogno urgente di parlarLe: ha già telefonato tre volte.
>
> DOTTORESSA MANCINI: Che seccatore! Gli telefoni Lei, signorina, e gli dica che sono già partita per Chicago.
>
> SEGRETARIA: Pronto!... Signor Biondi?... Mi dispiace, la dottoressa è partita per un congresso a Chicago... Come dice? L'indirizzo? Veramente non glielo saprei dire: abbia pazienza e richiami tra dieci giorni!

B. Prego! Tell your professor to do these things if he or she wants to. Repeat the response.

> ESEMPIO: entrare → Se vuole entrare, entri.

1. ...   2. ...   3. ...   4. ...   5. ...

C. Professori. Now tell two of your professors not to do these things if they are unable to. Repeat the response.

> ESEMPIO: pagare → Se non possono pagare, non paghino!

1. ...   2. ...   3. ...   4. ...   5. ...

E. La formazione dei nomi femminili

A. Mini-dialogo. Sentirete un dialogo dal vostro testo. Ripetete durante le pause. Attenzione all'intonazione!

> CLAUDIO: Ieri al ricevimento dai Brambilla c'era un sacco di gente interessante.
>
> MARINA: Ah sì? Chi c'era?
>
> CLAUDIO: Il pittore Berardi con la moglie, pittrice anche lei; dicono che è più brava del marito... la professoressa di storia dell'arte Stoppato, il poeta Salimbeni con la moglie scultrice, un paio di scrittori e scrittrici di cui non ricordo i nomi...
>
> MARINA: Che ambiente intellettuale! Ma i Brambilla cosa fanno?
>
> CLAUDIO: Be', lui è un grosso industriale tessile e lei è un'ex-attrice.

B. Zia Elsa. Your Aunt Elsa is a bit behind the times and assumes that only men have certain roles and positions. Set her straight, as in the example. Repeat the response.

> ESEMPIO: Hai detto due dottori alti? → No, due dottoresse alte!

1. ...   2. ...   3. ...   4. ...   5. ...

Sentirete il **Dialogo** da questo capitolo del testo. Ascoltate attentamente, più volte se necessario. Poi rispondete alle domande.

CINZIA: Gabriella, ciao! Allora, com'è andato il colloquio?

GABRIELLA: Penso bene! A condizione che passi l'esame di stato, credo proprio che il posto sia assicurato! Sai, adesso per esercitare la libera professione non è più sufficiente il diploma, ci vuole anche una laurea breve in economia e amministrazione delle imprese e l'esame di stato.

CINZIA: Sono sicura che andrà benissimo! E comunque vadano le cose puoi sempre venire a lavorare nella fattoria di mio padre! Mi convinco ogni giorno di più che fare il contadino sia il mestiere migliore!

GABRIELLA: Purché mi offra abbastanza da vivere... mollo tutto! Scherzi a parte, spero di farcela. A proposito di colloqui, ho sentito che Francesco si è licenziato dalla ditta per cui lavorava.

CINZIA: Sì, non era per niente soddisfatto... stressato in continuazione, problemi con i dirigenti, sempre in viaggio. Adesso ha intenzione di partecipare a un concorso per entrare in Posta.

GABRIELLA: Capisco perché Francesco non ne vuole più sapere... anche i miei amici americani si lamentano spesso del ritmo frenetico del loro lavoro e io gli dico sempre «avete bisogno di sindacati più forti!»

CINZIA: I tuoi amici sono molto simpatici! Ho avuto delle discussioni molto interessanti con loro l'estate scorsa sui pro e i contro di un servizio sanitario gratuito per tutti...

GABRIELLA: Guarda! Arriva Francesco! Parli del diavolo e spuntano le corna! Ciao! Arrivi a consegnare la posta?

FRANCESCO: Sì, sì, prendi pure in giro! Intanto ci vuole un bel coraggio a licenziarsi con la crisi economica e la disoccupazione d'oggi!

CINZIA: Infatti! O sei un incosciente o dovevi essere proprio infelice a lavorare sui computer!

FRANCESCO: Lasciamo perdere! E tu? Cosa fai in giro? Non dovresti essere a scuola?

CINZIA: Ho smesso di lavorare ieri. Sono in aspettativa, finalmente!

GABRIELLA: Bene! Pare che siamo tutti liberi al momento! Andiamoci a prendere un caffè!

You will hear six statements based on the dialogue. You will hear each one twice. Circle **vero** if the statement is true or **falso** if it is false.

1.	vero	falso	4.	vero	falso
2.	vero	falso	5.	vero	falso
3.	vero	falso	6.	vero	falso

ED ORA ASCOLTIAMO!

Una lettera. Sentirete una lettera di Mirella al suo fidanzato, Roberto. Ascoltate attentamente, più volte se necessario. Poi sentirete cinque affermazioni due volte. Indicate se le affermazioni sono vere o false.

1.	vero	falso	4.	vero	falso
2.	vero	falso	5.	vero	falso
3.	vero	falso			

SARA IN ITALIA

Capo Rizzuto

Catanzaro

Calabria

It's getting warmer and warmer, and Sara decides to enjoy the seaside breezes at the beach. Today she's in Capo Rizzuto, in the region of Calabria. Listen carefully, as many times as you need to. Then answer the questions you hear.

Ed ora rispondete!

1. Ionio
2. che bagna molti paesi
3. «grande acqua»

Adriatico
tra l'Italia e la ex-Jugoslavia
«tra le terre»

Tirreno
che bagna la riviera italiana e francese
«meditativo»

DETTATO

Ed ora scriviamo! Sentirete un breve dettato. La prima volta ascoltate attentamente. La seconda volta, scrivete quello che sentite. La terza volta, correggete quello che avete scritto. Usate un altro foglio.

LA SOCIETÀ MULTICULTURALE

VOCABOLARIO PRELIMINARE

A. Dialogo-lampo. Sentirete un breve dialogo dal vostro testo. Sentirete il dialogo due volte. La prima volta, ascoltate attentamente. La seconda volta, ripetete quello che sentite.

ANTONIO: Perché non possiamo con·vivere tutti pacificamente?
FABRIZIO: Certo che possiamo! Basta risolvere il problema del razzismo, della violenza, della povertà, della droga…

B. La società moderna. Sentirete cinque frasi incomplete. Sentirete ogni frase due volte. Ascoltate attentamente, poi scegliete la conclusione più logica.

ESEMPIO: La mia amica lotta per eliminare il razzismo. È una persona… →

(indifferente   impegnata   pessimista)

1.   la giustizia   l'ingiustizia   l'amicizia

2.   il razzismo   l'uguaglianza   la ricchezza

3.   dovremmo aiutarlo   mi fido di lui   cerchiamo di convivere

4.   della violenza   dell'alcolísmo   del materialismo

5.   della ricchezza   del consumismo   del razzismo

GRAMMATICA

A. L'imperfetto del congiuntivo

A. Mini-dialogo. Sentirete un dialogo dal vostro testo. Ripetete durante le pause. Attenzione all'intonazione!

CINZIA: Così tuo padre non voleva che ti fidanzassi con Shamira?

IVAN: Assurdo! Sperava invece che mi innamorassi di Daniela, così sarei diventato dirigente nell'industria di suo padre!

CINZIA: Che materialista! E tua madre?

IVAN: Lei invece non vedeva l'ora che mi sposassi con Shamira! Non può sopportare Daniela!

B. Problemi di famiglia. Piera is telling you about her problems with her parents. Show your support for her by telling her it would be better if her parents didn't do those things. Repeat the response.

ESEMPIO: Interferiscono sempre! → Sarebbe meglio che non interferissero.

1. ...　2. ...　3. ...　4. ...

C. Lo zio Carlo. You've just returned from visiting your uncle Carlo, who is very old-fashioned. After you hear each item number, use the following expressions to tell all the things he couldn't believe about your life. Repeat the response.

ESEMPIO: (dividere un appartamento con gli amici) → Non credeva che io dividessi un appartamento con gli amici.

1. guadagnarsi da vivere a 20 anni
2. volere studiare invece di sposarsi subito
3. lavorare per eliminare il consumismo
4. essere felice della mia vita

D. Dibattito. Luca is telling you about the views of various people who attended a debate. Listen carefully to what he says, then complete his sentences using the following expressions. Repeat the response.

ESEMPIO: Volevo... (la gente / non essere violenta) → Volevo che la gente non fosse violenta.

1. il razzismo / essere combattuto
2. tutti / essere a favore dell'uguaglianza
3. il futuro / essere necessariamente multietnico
4. la povertà / affliggere (*afflict*) solo i paesi in via di sviluppo (*developing*)
5. l'alcolismo / colpire (*strike*) principalmente gli uomini.

B. Il trapassato del congiuntivo

A. Non sapevo! Everything Renato says is news to you. React to his statements as in the example. Repeat the response.

ESEMPIO: Nicoletta ha vinto il torneo di tennis. → Non sapevo che avesse vinto il torneo di tennis!

1. ...　2. ...　3. ...　4. ...　5. ...

B. Zia Matilda. Your Aunt Matilda was a great believer in the philosophy that "one is never too old!" List a few of the things she did, completing each sentence you hear with **benché non**, as in the example. Repeat the response.

ESEMPIO: A ottant'anni scrisse un libro... → benché non avesse mai scritto prima.

1. ...　2. ...　3. ...　4. ...　5. ...

C. Correlazione dei tempi al congiuntivo

A. Mini-dialogo. Sentirete un dialogo dal vostro testo. Ripetete durante le pause. Attenzione all'intonazione!

LAURA: Mamma, ho deciso di accettare quel lavoro a New York.

MADRE: Ma non sarebbe meglio che tu restassi qui a Trieste, vicino alla famiglia, agli amici? A New York c'è il problema della violenza e della droga: non voglio che ti capiti qualcosa di brutto...

LAURA: Mamma, il problema della violenza e della droga c'è in tutte le grosse città. E poi vorrei che tu capissi che è importante che io faccia nuove esperienze.

MADRE: Capisco Laura, ma è naturale che mi preoccupi...

B. Idee politiche. You and Ruggero are discussing important social and political issues. Complete each sentence you hear with the following expressions. Repeat the response.

ESEMPIO: Vorrei che (il razzismo / non esistere) → Vorrei che il razzismo non esistesse.

1. la gente / cercare di eliminare l'inquinamento
2. i genitori / apprezzare le idee dei giovani
3. la gente / prendere sul serio i problemi degli anziani
4. il governo / lavorare per eliminare la povertà

C. Acquisiti. Giuseppe and Franca have just purchased a new car. When Giuseppe tells you about his and Franca's thoughts on the matter, tell him that you share his convictions. Repeat the response.

ESEMPIO: Speriamo di avere fatto bene. → Anch'io spero che abbiate fatto bene.

1. ...   2. ...   3. ...   4. ...   5. ...

Sentirete il **Dialogo** da questo capitolo del testo. Ascoltate attentamente, più volte se necessario. Poi rispondete alle domande.

NICOLETTA: Avete sentito? Il nostro sindaco ha deciso di aprire un nuovo centro sociale vicino allo stadio comunale.

MASSIMO: Come se non avessimo abbastanza problemi in Italia! Ci mancavano anche gli extracomunitari...

NICOLETTA: Ma che discorsi fai? Prima di tutto questa è stata la decisione più intelligente che il nostro comune avesse potuto prendere. Secondo, sarebbe meglio che tu la smettessi di fare questi ragionamenti da intollerante!

MASSIMO: Non è intolleranza, è realtà politica ed economica! Siamo già in sessanta milioni in Italia e il dieci per cento è disoccupato!

LORENZO: Sai cosa Massimo? Il tuo è egoismo... è provincialismo... è bigotteria. Non è la disoccupazione che ti preoccupa tanto, è la diversità!

MASSIMO: Non è affatto vero. Ho amici tossicodipendenti, omosessuali, handicappati... ma gli extracomunitari... il discorso è diverso. Cosa possono offrire al nostro paese?

LORENZO: Loro stessi! La loro cultura, la loro musica, la loro letteratura, la lora voglia di integrarsi in una nuova società! E poi, chi sei tu per decidere chi è utile alla società e chi non lo è? Tu, ad esempio, cosa hai da offrire? Ti sei mai chiesto cosa possono pensare loro di te? Pensi forse che questi immigrati vogliano avere a che fare con tipi come te?

BARBARA: Un momento! La verità è che siamo tutti un po' disorientati. La struttura della nostra società sta cambiando così rapidamente e adesso anche noi dobbiamo imparare a convivere con un'Italia sempre più multietnica.

NICOLETTA: Vero, ma il problema di base è l'ignoranza. Mio fratello la pensava come Massimo, ma da quando ha conosciuto degli immigrati della Costa d'Avorio, si è reso conto che la sua era solo paura del diverso.

MASSIMO: Praticamente mi avete dato del razzista quando invece ho fatto un discorso puramente economico.

BARBARA Attenzione, anche Hitler aveva fatto un discorso economico…

LORENZO: Tregua! Arrivano i panini! Be', comunque l'importante è che se ne discuta sempre e apertamente. È l'unico modo per combattere l'ignoranza!

You will hear six statements based on the dialogue. You will hear each statement twice. Circle **vero** if the statement is true or **falso** if it is false.

1. vero   falso   4. vero   falso

2. vero   falso   5. vero   falso

3. vero   falso   6. vero   falso

ED ORA ASCOLTIAMO!

Arrivederci! Sentirete una conversazione tra Nicoletta e Blaque. Ascoltate attentamente, più volte se necessario. Poi sentirete cinque frasi incomplete due volte. Scegliete la conclusione più logica.

1. _____ che Blaque fosse triste

   _____ che Blaque rimanesse in un paese razzista

   _____ che Blaque se ne andasse senza parlarle della sua decisione

2. _____ tornerà a Ostia con altri musicisti jazz

   _____ si sposerà con un'italiana

   _____ lavorerà in teatro

3. _____ con diffidenza

   _____ a braccia aperte

   _____ in modo molto scortese

4. _____ convissuto insieme per due anni

   _____ fatto tante belle cose insieme

   _____ combattuto i naziskin

5. _____ che in Francia non ci sia razzismo

   _____ che le cose gli vadano meglio in Francia

   _____ di tornare al proprio paese

SARA IN ITALIA

Palermo

Taormina

Sicilia

Sara has left the mainland for the island of Sicily. Having crossed the strait of Messina by ferry, she is now in Taormina, a beautiful resort that has attracted tourists for more than 20 centuries! Here she has a conversation with Lavinia about Sicily's rich and diverse cultural heritage. Listen carefully, as many times as you need to. Then answer the questions you hear.

Ed ora rispondete!

1.	otto secoli prima di Cristo	intorno (*around*) all'anno Mille	nel 1200
2.	l'Europa del nord	l'Africa	l'Asia
3.	gli arabi	i romani	i Borboni

DETTATO

Ed ora scriviamo! Sentirete un breve dettato. La prima volta, ascoltate attentamente. La seconda volta, scrivete quello che sentite. La terza volta, correggete quello che avete scritto. Usate un altro foglio.

CINEMA, TELEVISIONE, GIORNALI

CAPITOLO 19

VOCABOLARIO PRELIMINARE

A. Monologo-lampo. Sentirete un breve monologo dal vostro testo. Sentirete il monologo due volte. La prima volta, ascoltate attentamente. La seconda volta, ripetete quello che sentite.

> MICHELE: Alla televisione c'è solo violenza, i giornali sono pieni di cronaca nera... Ma questi giornalisti non hanno il senso della realtà?

B. I media. Sentirete sei frasi incomplete. Sentirete ogni frase due volte. Ascoltate attentamente, poi scegliete la conclusione più logica.

> ESEMPIO: La musica di quel film è proprio stupenda. Chi ha scritto... ? →
>
> (la recensione   lo schermo   (la colonna sonora))

1. un'intervista   una trasmissione   una produttrice

2. un quotidiano   un settimanale   un mensile

3. la cronaca   il redattore   la recensione

4. attrice   redattrice   giornalista

5. prodotto   mandata in onda   doppiato

6. girato   stampato   recensito

GRAMMATICA

A. Il periodo ipotetico con l'indicativo

A. Mini-lettura. Sentirete un brano dal vostro testo. Ripetete durante le pause. Attenzione all'intonazione!

Secondo molte persone, i proverbi non sono pure e semplici curiosità; sono una forma di letteratura. I proverbi riflettono la filosofia, la cultura e le esperienze di intere generazioni e rappresentano una chiave per la comprensione d'un popolo. Un proverbio cinese dice: «Se vuoi essere felice per un'ora, ubriacati. Se vuoi essere felice per tre giorni, sposati. Se vuoi essere felice per otto giorni, uccidi il tuo maiale e mangialo. Ma se vuoi essere felice per sempre, diventa giardiniere.»

B. Niente dolci! Swimsuit season approaches, and you and your friends have sworn off dessert. Tell why, using the subjects you hear. Repeat the response.

ESEMPIO: io → Se mangio dolci, ingrasso.

1. ...   2. ...   3. ...   4. ...

C. Possibilità. Monica doesn't like to be pinned down. Answer the questions you hear as she would, using the following expressions. Repeat the response.

ESEMPIO: Mi comprerai la rivista che ti ho chiesto? (avere tempo) → Sì, se avrò tempo.

1. lavorare per lo stesso giornale
2. andare a Los Angeles
3. fare bel tempo
4. non tornare a casa tardi
5. averne voglia
6. potere

D. Delle domande per Lei. Answer the questions you hear according to your own feelings and experiences. You will hear a possible response.

ESEMPIO: Se ha fame, cosa fa? → Se ho fame, mi preparo un panino.

1. ...   2. ...   3. ...   4. ...

B. Il periodo ipotetico con il congiuntivo

A. Se avessimo tempo... Tell what these people would do if they had more time. Use the subjects you hear and the following expressions. Repeat the response.

ESEMPIO: Mauro (fare da mangiare) → Se Mauro avesse tempo farebbe da mangiare.

1. giocare a tennis
2. scrivere un romanzo
3. viaggiare
4. non correre
5. imparare a memoria (*memorize*) una poesia

B. Rimpianti. Time to repent! Tell what got you into trouble. Complete the sentences you hear, using the following expressions. Repeat the response.

ESEMPIO: Se non avessi scherzato... (lui / non arrabbiarsi) →
         Se non avessi scherzato non si sarebbe arrabbiato.

1. io / arrivare puntuale
2. io / non ubriacarmi
3. loro / credermi
4. io / studiare di più
5. io / non dovere stare a dieta

C. **Fare** + Infinito

A. Mini-dialogo. Sentirete un dialogo dal vostro testo. Ripetete durante le pause. Attenzione all'intonazione!

> MICHELE: L'hai poi finita quella traduzione per i sottotitoli in inglese?
> LINA: Non me ne parlare! Mi ha fatto diventare matta!
> MICHELE: Lo so che sei sempre stata una perfezionista…
> LINA: Perfezionista fino a un certo punto. Ci ho lavorato due mesi, ma mi sono resa conto che ancora non va: dovrò farmi aiutare da qualcuno più bravo di me.
> MICHELE: Sta' tranquilla: te la faccio riguardare dalla mia amica Suzanne che è un'ottima traduttrice.

B. Chi l'ha fatto? You find out that none of these people actually carried out the tasks in question; they had them done by someone else. Listen carefully, then rephrase the sentences you hear. Repeat the response.

> ESEMPIO: Angelo e Lidia hanno recensito l'ultimo film di Salvatores. →
> Hanno fatto recensire l'ultimo film di Salvatores.

1. … 2. … 3. … 4. … 5. … 6. …

C. Potere! Barbara cannot believe you manage to have your housemates do all these things for you. Tell her about your power, as in the example. Repeat the response.

> ESEMPIO: Fai stirare (*iron*) i vestiti a Piero? → Sì, glieli faccio stirare!

1. … 2. … 3. … 4. …

> «Fare del bene fa sentire bene»:
> lo afferma il 95 per cento
> delle persone che si dedicano al
> volontariato. E spiegano
> che la buona azione procura loro
> un calore straordinario e
> un'eccezionale
> carica di energia.

D. **Lasciare** e i verbi di percezione + infinito

A. Saggio scolastico. Mauro wants to know if you saw and heard all the action at the campus talent show. Tell him you did, as in the example. Repeat the response.

> ESEMPIO: Hai sentito cantare Mirella? → Sì, l'ho sentita cantare.

1. … 2. … 3. … 4. …

B. Tolleranza. What do you let your housemates get away with? After you hear each item number, use the following expressions to tell how tolerant you are. Repeat the response.

> ESEMPIO: (voi / cantare nella doccia) → Vi lascio cantare nella doccia.

1. Maurizio / dormire fino a tardi
2. le ragazze / fare l'aerobica in cucina
3. tu / ascoltare i Cd di Kenny G.
4. voi / mangiare tutti i salumi

Now restate your sentences using the expression **lascio che**. Respond during the pause after each item number. Repeat the response.

> ESEMPIO: (voi / cantare nella doccia) → Lascio che cantiate nella doccia.

1. Maurizio / dormire fino a tardi
2. le ragazze / fare l'aerobica in cucina
3. tu / ascoltare i Cd di Kenny G.
4. voi / mangiare tutti i salumi

C. Un po' di autonomia! Luca is a bossy fellow. Encourage him to let people do what they want! Rephrase the sentences you hear, as in the example. Repeat the response.

> ESEMPIO: Voglio andare via! → Lasciami andare via!

1. ... 2. ... 3. ... 4. ... 5. ...

DIALOGO

Sentirete il **Dialogo** da questo capitolo del testo. Ascoltate attentamente, più volte se necessario. Poi rispondete alle domande.

TIZIANA: Ho comprato un paio di giornali per Luisa: *La Repubblica* e il *Corriere della Sera*. Se nelle isole i giornali italiani non arrivano sarà assetata di notizie!

STEFANO: O forse, dopo un mese di Grecia, anche dei problemi italiani non gliene importa più niente…

TIZIANA: Dubito, comunque lasciamo decidere a loro cosa vogliono fare e di che cosa vogliono parlare. Non ho nessuna intenzione di rovinargli il ritorno a casa! Se ci fossero cose allegre da raccontare sarebbe diverso ma purtroppo la situazione non è rosea.

STEFANO: Direi anzi che è piuttosto grigia… Senti, perché stasera non li portiamo al cinema? Stanno facendo rivedere tutti i film di Nanni Moretti, l'idolo di Davide.

TIZIANA: Mi sembra un'ottima idea! Oggi danno Ecce *bombo*, il suo vecchio film sul '68, e domani *La Messa è finita*: la crisi del dopo '68. Il secondo era un po' triste ma il primo mi ha fatto morire dal ridere!

STEFANO: Io i film di Moretti li ho visti tutti tranne *Palombella rossa* ma lo devo assolutamente vedere: le satire politico-sociali sono il suo forte. E per cena dove andiamo?

TIZIANA: Possiamo far preparare da Giovanni le melanzane alla parmigiana e le orecchiette, poi passo da mio padre e mi faccio dare una bottiglia di vino buono…

STEFANO: E se vogliono andare a casa a dormire o a guardare la televisione? Questa sera c'è
Milano, Italia, i dibattiti sono sempre interessanti…

TIZIANA: Se Luisa non passa la serata con noi non è più mia amica. Sono al sole da due ore per
aspettare il suo stupido traghetto! Ma perché non hanno preso l'aereo?

STEFANO: Eccoli! Mi raccomando, non siamo invadenti. Lasciamo decidere a loro…

You will hear six statements based on the dialogue. You will hear each one twice. Circle **vero** if the
statement is true or **falso** if it is false.

1.   vero   falso   4.   vero   falso

2.   vero   falso   5.   vero   falso

3.   vero   falso   6.   vero   falso

ED ORA ASCOLTIAMO!

Abbasso (*Down with*) **la televisione!** Luisa parla con un'amica giornalista. Ascoltate attentamente la
loro conversazione, più volte se necessario. Poi completate le frasi che sentite in modo logico. Sentirete le
frasi due volte.

1.   _____ in modo superficiale

     _____ in modo sensazionale

     _____ in modo razzista

2.   _____ le elezioni italiane del '94

     _____ il caso Kennedy

     _____ la guerra del Vietnam

3.   _____ legga solo giornali di sinistra

     _____ non si fidi

     _____ faccia sciopero

4.   _____ la gente legge poco

     _____ ci sono troppe pubblicità

     _____ ci sono poche donne alla TV

5.   _____ nei libri

     _____ nelle trasmissioni radiofoniche

     _____ nella TV e nel cinema

SARA IN ITALIA

Palermo

Sicilia

Sara continues her tour of Sicily with her friend Lavinia. Today they are in the regional capital, Palermo, where Lavinia tells about Sicily's varied culinary heritage. Listen carefully to their conversation, as many times as you need to. Then answer the questions you hear.

Espressioni utili:	la sarda	*sardine*
	l'uva passa	*raisins*
	i pinoli	*pine nuts*
	il finocchio	*fennel*[1]
	lo zafferano	*saffron*[1]

---

[1] Fennel is a licorice-flavored vegetable, somewhat similar in texture to celery. Saffron is a prized, deep orange seasoning made from the dried stigmas of the crocus flower.

Ed ora rispondete!

1. in una trattoria   a un mercato all'aperto   a casa a mangiare

2. normanna   di Palermo   greca

3. arabo   greco   spagnolo

Ed ora scriviamo! Sentirete un breve dettato. La prima volta, ascoltate attentamente. La seconda volta, scrivete quello che sentite. La terza volta, correggete quello che avete scritto. Usate un altro foglio.

ITALIANI E AMERICANI

VOCABOLARIO PRELIMINARE

A. Dialogo-lampo. Sentirete un breve dialogo dal vostro testo. Sentirete il dialogo due volte. La prima volta, ascoltate attentamente. La seconda volta, ripetete quello che sentite.

MASSIMO: Barbara, perché il tuo cognome è Frich? Non mi sembra italiano.
BARBARA: Perché gli antenati di mio padre erano austriaci.
MASSIMO: Anche tua madre è di origine austriaca?
BARBARA: No, la famiglia di mia madre è di origine veneta e pugliese.
MASSIMO: E tu sei lombarda! E pensare che ci sono ancora quelli che credono che esista il puro lombardo!

B. Definizioni. Ascoltate attentamente le definizioni, poi abbinatele con le parole definite. Sentirete le definizioni due volte.

1. _____
2. _____
3. _____
4. _____
5. _____
6. _____
7. _____

    a. gli antenati
    b. gli stereotipi
    c. le radici
    d. immigrare
    e. sognare
    f. ricordare
    g. la tradizione

GRAMMATICA

A. La forma passiva del verbo

A. Mini-dialogo. Sentirete un dialogo dal vostro testo. Ripetete durante le pause. Attenzione all'intonazione!

GIACOMO: Signora Bertucci, che buona cena! Le tagliatelle erano squisite. Mi dica, dove le ha comprate?
SIGNORA BERTUCCI: Figlio mio, da noi, la pasta è sempre fatta in casa...
GIACOMO: E la tavola! Proprio un sogno.
ANGELA: Sai, Giacomo, la tovaglia l'ha fatta la nonna. E i tovaglioli...
SIGNORA BERTUCCI: Sono stati ricamati dalla zia Maria quando aveva solo quindici anni.
GIACOMO: Che belle queste tradizioni di famiglia!

B. Informazioni. Bob has just arrived in Rome for a study abroad program, and you are showing him around. When he asks who sells certain items, answer him as in the example, using the following information. Repeat the response.

ESEMPIO: Chi vende i formaggi? (il lattaio) → I formaggi sono venduti dal lattaio.

1. il pasticciere
2. il fruttivendolo
3. il panettiere

4. il salumiere
5. il macellaio

C. Chi è stato invitato? Tell Pierina who has been invited to dinner. Repeat the response.

ESEMPIO: Hanno invitato Mirella? → Sì, Mirella è stata invitata.

1. ...   2. ...   3. ...   4. ...

B. Il **si** impersonale

A. Mini-dialogo. Sentirete un dialogo dal vostro testo. Ripetete durante le pause. Attenzione all'intonazione!

ADA: Nonna, sei arrivata negli Stati Uniti nel 1930? Com'eri giovane! E avevi già un bambino!
NONNA LILI: Figlia mia, erano tempi diversi...Ci si sposava giovani, e si doveva lavorare sodo per guadagnare il pane.
ADA: Povera nonna! Non sarai stata molto felice.
NONNA LILI: No, cara, tutt'altro: ci si voleva bene in famiglia e ci si divertiva con cose semplici. Certi valori si sono perduti con il passar degli anni...

B. Non si fa così! Little Rebecca has been very naughty. Tell her what she should or should not do, as in the example. Repeat the response.

ESEMPIO: non mangiare tutte le caramelle → Non si mangiano tutte le caramelle!

1. ...   2. ...   3. ...   4. ...   5. ...   6. ...

C. Delle domande per Lei. Answer the questions you hear according to your own experiences. You will hear a possible response.

ESEMPIO: Dove si comprano i dischi nella Sua città? → I dischi si comprano da Rose Records.

1. ... 2. ... 3. ... 4. ...

D. Cosa si è fatto in Italia? You have just returned from a year in Italy and are telling your friends about your experiences there. After you hear each item number, use the following expressions and the **si** construction. Repeat the response.

ESEMPIO: (alzarsi presto ogni mattina) → Ci si è alzati presto ogni mattina.

1. andare in bici per un'ora
2. fare colazione
3. andare all'università
4. studiare nel pomeriggio
5. farsi da mangiare tutte le sere
6. andare in discoteca ogni tanto

Sentirete il **Dialogo** da questo capitolo del testo. Ascoltate attentamente, più volte se necessario. Poi rispondete alle domande.

LORY: Scusa se ti interrompo, mi chiamo Lory. Sei italiana?
GRAZIA: Piacere, sono Grazia. Sì, sono italiana ma studio a Berkeley da quattro anni...
LORY: E ogni anno torni in Italia?
GRAZIA: Sì, voglio vedere i miei amici e la mia famiglia almeno una volta all'anno. Abbiamo sempre tante cose da raccontarci... come si sta negli Stati Uniti... cos'è cambiato in Italia... gli americani sono così... gli italiani invece...

LORY: Ho capito. E tu ti trovi nel mezzo a dire: «Ma no, non è vero che in America si pensa solo ai soldi… non è vero che gli americani sono superficiali, individualisti, ci sono anche gli americani che pensano ai problemi sociali e che non si occupano solo della loro carriera… »

GRAZIA: Esattamente! E quando sono qui è la stessa cosa con gli italiani. Molti americani pensano che gli italiani siano tutti «Latin lovers» pronti ad assaltare le turiste, senza rispetto per la vita privata, estroversi, sempre pronti a ridere e a cantare. Tantissimi italiani invece sono introversi, odiano le feste e le canzonette, non si occupano della moda e non hanno mai fatto la pasta in casa.

LORY: Sembra che gli stereotipi e i miti siano duri a morire.

GRAZIA: Secondo me è tutta questione di pigrizia. Invece di cercare di conoscere le persone è più facile dire: «Ah! È americano, allora si occuperà solo di sport. È italiano, allora la sua passione sarà la cucina.» Se poi si fanno i confronti: «Le donne americane sono più emancipate delle donne italiane!» «Ma scherzi? Le donne italiane sono molto più emancipate delle donne americane!»

LORY: Be', su questo punto credo che potremmo discutere per qualche ora! Piuttosto com'è il libro che stai leggendo?

GRAZIA: Ecco, questo è il tipico esempio di un romanzo scritto da un italiano che potrebbe essere considerato «atipico», *Seminario sulla gioventù*, di Aldo Busi. In realtà il libro ha avuto un successo enorme, proprio perché la sua storia, per quanto dissacrante e anomala, rappresenta aspetti ben riconoscibili della cultura italiana…

LORY: La prossima volta che vado in italia lo compro!

You will hear six statements based on the dialogue. You will hear each one twice. Circle **vero** if the statement is true or **falso** if it is false.

1. vero   falso   4. vero   falso

2. vero   falso   5. vero   falso

3. vero   falso   6. vero   falso

ED ORA ASCOLTIAMO!

Arrivederci dolce vita! Renata e Paolo parlano del soggiorno di Paolo in Italia. Ascoltate attentamente la loro conversazione, più volte se necessario. Poi completate le frasi che sentite in modo logico.

1. a. non si vedono da molto tempo

   b. si sono conosciuti in Italia

2. a. è un artista

   b. è un prete (*priest*)

3. a. molto sofisticata

   b. calma

4. a. semplici

   b. eccitanti

5. a. di continuare a vivere in modo tranquillo

   b. di tornare a vivere in modo sfrenato (*wild*)

SARA IN ITALIA

The last stop on Sara's trip is Sardegna, the other major Italian island. She is on the beautiful Costa Smeralda, enjoying her last few days in Italy before returning to the United States. Listen carefully, as many times as you need to. Then answer the questions you hear.

Ed ora rispondete!

1. rivedere gli amici e la famiglia   trasferirsi in Italia   cominciare il lavoro

2. una cena vegetariana   del pesce   un tiramisù

3. andare a mangiare fuori con gli amici   cucinare lei   fare un pic-nic sulla spiaggia (*beach*)

DETTATO

Ed ora scriviamo! Sentirete un breve dettato. La prima volta ascoltate attentamente. La seconda volta, scrivete quello che sentite. La terza volta, correggete quello che avete scritto. Usate un altro foglio.

Answers Not Appearing on Tape

Scripts for the **Dettato** activities appear in the *Tapescript to Accompany Prego!*, 4/e, available to instructors only.

Capitolo preliminare

B. Vocabolario per la classe.
B. A lezione. 1. 1. come 2. dice 3. Benissimo 2. 1. Scusi 2. scrive 3. Prego
3. 1. Aprite 2. esercizio 3. Come 4. capisco 5. favore

C. Alfabeto e suoni
F. Accento tonico. 1. grammatica 2. importanza 3. partire 4. partirò 5. musica 6. trentatré
7. subito 8. umiltà 9. abitano 10. cantavano
G. Accento scritto. 1. prendere 2. prenderò 3. caffè 4. università 5. cinquanta 6. civiltà
7. virtù 8. tornare

E. Numeri da uno a cento
A. Numeri. 1. 12 2. 21 3. 97 4. 19 5. 50 6. 5 7. 78 8. 100

Capitolo 7

E. Numeri superiori a 100
B. Quanto fa? 1. centocinquantotto 2. cinquecentottantuno 3. novecentoquarantatré
4. mille ottocentottanta 5. duemilauno 6. un milione

Capitolo 15

C. Riassunto dei plurali irregolari
C. Uno o due? 1. programma lungo 2. farmacie francesi 3. mance generose 4. nemici antipatici
5. paese natio 6. zii amici

68-69 A,b,c
113-114 127